RÉCONCILIATION

DU MÊME AUTEUR

Qu'Allah bénisse la France !, Albin Michel, 2004.

La guerre des banlieues n'aura pas lieu,
Le Cherche Midi, 2010 ; Points, 2011.

Le Dernier Français,
Le Cherche Midi, 2012 ; Points, 2013.

L'Islam au secours de la République,
Flammarion, 2013.

Place de la République. Pour une spiritualité laïque,
Indigène éditions, 2015.

Camus, l'art de la révolte, Fayard, 2016.

Le Jeune Noir à l'épée,
coédition Flammarion-Présence africaine-Musées
d'Orsay et de l'Orangerie, 2019.

Méchantes blessures, Plon, 2019 ; Pocket, 2020.

Abd Al Malik

RÉCONCILIATION

Comment faire peuple au XXIe siècle

Robert
Laffont

ISBN 978-2-221-25319-9
Dépôt légal : janvier 2021
Éditions Robert Laffont – 92, avenue de France 75013 Paris

Au sujet de ce livre

Je suis mort pour la France devant l'écran de mon iPhone. Je veux dire que, n'étant habituellement pas touché par les tirs virtuels, j'ai ressenti cette fois un puissant trouble intérieur quand, dans les réseaux sociaux, un internaute de mauvaise foi a osé mettre en doute mon patriotisme.

J'ai eu le Covid. J'ai donc dû, pendant le premier confinement, pour préserver ma famille, me barricader seul dans une pièce où j'observais, de mon smartphone donc, reclus, un monde persistant (malgré les discours pleins de bons sentiments des politiques et des élites sur l'avènement d'*un monde d'après* qui, cherchez l'erreur, s'il devait advenir n'irait sans doute pas dans leur sens) à se déshumaniser, comme on se désagrège, de toutes parts et dans lequel pourtant la plupart, chacun à sa manière, invoquaient la sacralité. Comme si la bienveillance, l'empathie et la justice n'étaient pas des valeurs obligées dans toute démarche et vision se réclamant du sacré. Et cela nous concernait tous, à des degrés différents, d'une manière ou d'une autre.

Dire que tout partait *en vrille* n'était pas une trouvaille et ne me rendait, ni n'allait me rendre, plus original ; seulement je constatais. Plus que jamais, si la laïcité était collectivement notre ultime recours, notre dernière valeur refuge, je trouvais que nous autres poètes ne donnions pas suffisamment de la voix, ou en tout cas pas de la bonne manière, pour défendre la seule idée politique (pour peu qu'elle soit comprise avec intelligence, sympathie, altruisme et générosité) pour laquelle on devait se battre vraiment et sans relâche. Ce que je pouvais dire de manière certaine, et j'en éprouvais le besoin impérieux, c'est que nous avions tous participé à cette confusion généralisée, dont personne n'était l'unique responsable.

Au fond, quelle est cette France où ne résonne plus la voix du poète ? Où la poésie ne sous-tend plus les actes de résistance face aux lois liberticides et tout ce qui se moque des règles les plus élémentaires d'humanité ? Où l'idée cruciale de faire *réellement* peuple est substituée par celle, fallacieuse, de grand remplacement ? L'esprit profondément structuré par le hip-hop[1], en plus de la pensée de midi[2] d'Albert Camus et du soufisme[3], j'étais depuis longtemps convaincu que

1. Le hip-hop est un mouvement artistique et culturel pacifique né dans le Bronx aux États-Unis, en réaction aux violences endémiques des gangs, à la fin des années 1970. Il est formé par quatre disciplines : le DJing, la danse, le graffiti art et le rap.

2. « La pensée de midi » est une formule héritée de Nietzsche ; Camus en fait une réflexion immanente, lumineuse et sensuelle basée sur la pensée grecque et méditerranéenne. Cette pensée révoltée et solitaire recourt à l'esprit de beauté, de mesure, de liberté, d'empathie, de solidarité, de vérité, de justice sur le chemin de l'amour.

3. Le soufisme est le cœur de l'islam. C'est la mystique musulmane ou l'expression d'une expérience vécue : celle de l'initiation spirituelle, de la connaissance des principes universels, dans le cadre d'une confrérie sous la guidance d'une figure sainte.

ces trois façons d'être au monde, cumulées, pouvaient non seulement nous réconcilier avec nous-mêmes, avec la République française – j'en étais la preuve vivante –, mais également contribuer à revivifier culturellement, moralement et spirituellement cette Europe du XXIe siècle.

J'ai commencé sérieusement à croire en cette approche à la parution du premier album du groupe IAM, en 1991, *De la planète Mars.* Je sortais de la petite salle des fêtes de la J.E.E.P., l'association de prévention de la cité, où, avec les membres de mon propre groupe de rap (les N.A.P. – New African Poets), nous terminions les préparatifs d'un événement rap-new jack (fusion de R&B et de hip-hop) qui allait avoir lieu dans la soirée. Trois membres du groupe (mon frère aîné Bilal, son meilleur ami Mustaaf et mon cousin Aïssa) – qui s'étaient éclipsés une heure plus tôt – m'attendaient tout sourire devant la porte du local, tenant chacun un exemplaire en vinyle d'un des tout premiers albums officiels de rap français. Fallait-il que je fusse à ce point médusé pour arracher le double

33-tours des mains de mon frère et l'ouvrir, lorsque mon regard s'attarda sur la photo centrale qui montrait le groupe marseillais posant devant une grande baie vitrée qui donnait sur le Vieux-Port. En dépit de la joie que j'éprouvais déjà à l'idée d'écouter le duo de poètes formé par Akhenaton et Shurik'n – dont j'avais découvert un an plus tôt les *flows* sophistiqués et intellectuels dans l'émission «Rapline» présentée par Olivier Cachin sur M6 –, ce n'était pourtant pas le binôme, précisément, qui captiva mon attention, mais bien la posture, l'attitude de chacun des membres du groupe. Parce que, déjà à cette époque, et cela a son importance, je considérais le rap comme MON art, et je décelais clairement en eux la filiation qu'ils pouvaient avoir avec les deux titans du rap américain de ces années-là : Big Daddy Kane et Rakim.

Un monde constitué uniquement de concepts et de poésie commençait à me travailler, avec des idées de fond miroitant par la forme, ce lien entre l'idée universaliste qui a tout à voir avec l'être au monde de ces jeunes gens de toutes origines ethniques qui, micro en main, pensaient qu'en habitant poétiquement le monde ils pourraient le sauver. Tout y était, la confiance, la force naturelle de la jeunesse, la vibration subversive (on disait *underground* alors), transgressive même, la langue française comme croyance et comme patrie, la religion, la jungle urbaine – symbole des déviances du monde –, les codes de la rue et de l'honneur, le style vestimentaire, l'intelligence et l'érudition. Je savais, même si je ne parvenais pas encore à élaborer une pensée claire à ce propos, que la technique de l'échantillon (*sample*), la base de toute la culture hip-hop, était l'ultime *modus operandi* sur lequel toutes les tribus postmodernes pouvaient s'appuyer désormais pour dépasser leurs clivages naturels, et entamer un authentique processus de réconciliation nationale.

J'allais bientôt tomber amoureux de la France, comme on aime sa mère, et de la poésie, sa manifestation la plus formidable, sous toutes ses formes, à cause de Big Daddy Kane, IAM, Aimé Césaire et Albert Camus. Il était évident que le hip-hop, cette culture qui était silencieusement (parce que sous-estimée et moquée par l'élite) en train de bouleverser le monde, s'apprêtait à profondément galvaniser mais aussi aliéner, d'une manière singulière, toute une partie des jeunesses du monde et particulièrement la jeunesse française. Et creuser un fossé abyssal bien qu'invisible entre les quartiers populaires et les élites de notre pays. Si le hip-hop allait souligner la méconnaissance profonde et l'indifférence grandissante des différents milieux socioculturels entre eux, il allait également donner une poétique inédite aux ramifications ancestrales pour repenser le monde, et lui donner les moyens culturels et artistiques, intellectuels et spirituels, de faire du neuf avec de l'ancien. Bref, de réinventer les notions d'identité, de vivre ensemble et de transmission, en France et dans le reste du monde occidental.

Aujourd'hui, près de trente ans après la sortie de l'album *De la planète Mars*, le courant musical du hip-hop, le rap, est devenu la nouvelle *pop music* mondiale. Et, en France, les succès musicaux phénoménaux changés en phénomènes de société d'un Jul ou d'une Aya Nakamura ne sont finalement que la bande originale d'un pays qui a adjoint tout au long de son histoire des peuples très divers (Normands, Alsaciens, Bretons, etc.) puis des descendants d'immigrés. L'unité de la France a toujours embrassé sa multiculturalité, et qu'importe le déni perpétuel des esprits chagrins de tous bords.

C'est donc dans un élan impulsé par un désir de conciliation et d'union nationale qu'au début du procès des attentats de janvier 2015, cet automne 2020, je décidai de faire corps républicain sur mes réseaux sociaux en témoignant de ma compassion aux familles des victimes et en disant sans ambiguïté mon attachement absolu à la laïcité et à la liberté. Pourtant, après avoir posté sur Instagram et Twitter mon mot de soutien, voilà que, dans un déferlement dont les réseaux sociaux ont le secret, se mirent à se déchirer avec une violence inouïe, en m'insultant allègrement au passage, ceux qui m'accusaient de leur demander de choisir entre « la peste et le choléra », entre *Charlie Hebdo* et les terroristes, et ceux qui pensaient que dans une république laïque la religion était la cause de toutes les dérives et de toutes les déviances mortifères. Moi, qui m'auto-définissais comme un *homme-pont*, qui n'avais de cesse de vouloir faire peuple, de vouloir faire France, je me retrouvais plus que jamais face à la manifestation virtuelle d'un peuple divisé en profondeur.

J'ai alors pensé à ce que m'a dit un jour Juliette Gréco, la muse de Saint-Germain-des-Prés : « C'est par la reconnaissance juste de chacun de ses citoyens que viendra la réconciliation de la France avec elle-même. »

I

La base

La lumière au quartier ne vient pas du soleil en été. Elle provient de l'amour qui désespérément tente de rejaillir, sur tous ces cœurs enduits d'asphalte, de plume et de goudron noir.

On marche dans les rues de la cité où l'on roule sans casque en YZ. Quand ça pétarade comme une arme à feu, on entend ce qu'on ressent comme le bruit d'une profonde liberté. C'est qu'il n'y a plus de limites. Il faut croire que c'est la raison pour laquelle on s'insulte ou on se tape dessus pour dire que l'on s'aime. Non pas que nous soyons vulgaires ou violents par nature (c'est même bien souvent le contraire) :

c'est que beaucoup d'entre nous ne disposent que d'un nombre restreint de mots pour exprimer de la manière la plus juste ce qui bouillonne dans nos poitrines. Peu de gens peuvent saisir réellement l'abîme de cette béance, *no man's land* entre l'émotion et son expression. Apatrides et indigents linguistiques, et bien que ces rues nous soient plus que familières, c'est l'inédit de l'Histoire : la ballade de tous ces jeunes (et moins jeunes, aussi), étrangers dans leur propre pays. Les adorateurs de l'Histoire, ceux qui cherchent toujours à mettre les événements en parallèle, sont honteusement embarrassés par cette époque qu'ils ne comprennent guère. Cette perplexité – qui devrait les rendre plus humbles – les rend plus arrogants et plus agressifs encore.

Donc, ces jeunes aux couleurs arc-en-ciel et au langage à fleurs se déposent sur des bancs, s'adossent à des murs blancs. Ils ont pour activité toutes formes de néant ou sont simplement au chômage, victimes comme beaucoup de la crise économique, sanitaire, identitaire, sexuelle, morale et spirituelle ; seulement, eux la subissent depuis toujours.

Mais voilà qu'au coin de l'immeuble, telle aspirante Megan Thee Stallion, tel aspirant Travis Scott, au détour de tel ou tel *battle*, entre une cigarette, un rêve de cigare, une bière, un joint qui tourne et une *punchline* plutôt acerbe et paradoxale sur le mode de vie à l'occidentale, c'est le surgissement d'un irrationnel pas si incompréhensible quand on en recherche sincèrement les origines.

La lumière au quartier ne vient pas du soleil en été. Elle irradie des sourires d'espoir bientôt brisé par un contrôle d'identité inopiné qui tourne mal, une mort toujours accidentelle ou un refus de la caste supérieure d'accéder à la leur (ou, au moins, de s'extraire de la nôtre sans être obligé de trahir personne).

C'est la majestueuse dignité des miens qui m'émeut le plus, la retenue malgré tout et l'élégance de la tenue dans ce tohu-bohu. L'exception ne devrait pas être la règle ici, la lumière devrait être toujours mise en lumière. Il faudrait rendre hommage au solaire des habitants des cités HLM. Il faut le répéter sans cesse à ceux qui nous pensent comme des bêtes, que dans ces tours, ces barres et ces immeubles, tout le monde sait bien au fond que l'amour est à la fois le début et la fin du parcours.

L'amour, le début et la finalité de mon discours.

II

La peur

La peur opprime notre époque de son désespoir séculier et dérangeant ; toutes les villes se ressemblent et les banlieues affolent. L'Histoire, endeuillée, n'est plus la grande route vers le salut de nos âmes mais la falaise donnant sur le vide, ce vide qui a remplacé le dessein messianique que partageaient croyants et libres penseurs, dont la confrontation figurait l'émulation naturelle, de grands esprits qui ne divergeaient qu'au sujet de la voie la plus prompte à l'élévation collective.

Cependant les gens du progrès, les modernes, se sont toujours refusés à voir en eux-mêmes et dans leurs manières le même héritage eschatologique que leurs supposés adversaires. D'ailleurs, aujourd'hui, les deux camps n'accordent plus la moindre crédibilité à ces grandes promesses qui donnaient du paradis sur Terre ou dans les Cieux, au choix, au bon vouloir du collectif finalement supplanté par le chacun pour soi.

Notre époque connectée se dresse maladroite, paradoxale, méchante le torse en avant, la force imaginaire, le déni. Oublié christianisme, scientisme, socialisme et européisme, bonjour tristesse. Le temps est inédit. La peur sans l'espoir au bout. C'est une première.

Cette peur n'est pas notre histoire mais notre contre-histoire, entièrement fabriquée de nos mains toujours tremblantes, et sanglantes aussi, quelques fois. Parasol occultant la lumière qu'on ne sait plus voir.

Notre époque est sombre.

Les morts ne ressuscitent plus, les classes ne luttent plus non plus. Il n'y a plus d'après ni à Saint-Germain-des-Prés ni dans les quartiers populaires. Le présent écrase tout. Le futur a disparu. Un certain passé fantasmé nous tire en arrière et nous donne cet air absent à nous-mêmes, et aux autres, si reconnaissable. L'égocentrisme d'un côté, de l'autre le déni, et tous deux s'enlacent, se blottissent et s'embrassent avec la langue, aux yeux de tous.

La pathologie mentale est la nouvelle normalité.

De loin en loin, le village-monde se la joue monde meilleur, mais ce n'est que le meilleur des mondes pour la libre circulation en haut débit des images et des marchandises ; et dans un pareil mouvement les traditions, les us et coutumes, les religions et les amertumes que l'Europe voudrait enfermer dans ses musées, se côtoient et s'affrontent sur l'asphalte des centres-villes et devant les pieds goudronnés des habitats à loyer modéré. La peur est si prodigieuse qu'elle provoque des paniques identitaires généralisées. Les archaïsmes remontent à la surface et les ethnies, les clans, les *crews* et les tribus réduisent à néant, parce que récentes, des alliances décentes pourtant. Car la peur fut si fabuleusement refoulée, qu'on l'a crue longtemps révolue.

Nous, les résidents du siècle nouveau, sommes donc infestés de peurs, pleins de troubles existentiels ; et heureux toujours, quand l'occasion se présente, de s'affilier à un groupe et d'afficher tout fiers notre toute nouvelle singulière appartenance.

À l'heure où les modernes pensaient en avoir fini avec le religieux, ce loup selon eux déguisé en brebis, les grands manitous du *big data* et les technocrates du monde occidental s'avèrent plus intégristes que les hommes de lettres en soutane ou djellaba.

Pourquoi l'apaisement par l'économique a-t-il échoué ? Et même fini par révéler au grand jour sa propre duplicité, celle de chiffres bidonnables à souhait ? Parce que la consistance *in fine* ne s'inscrit durablement ni dans la matière ni dans la quantité. Les plus extrémistes parmi les libéraux sont aussi les plus meurtriers parmi les vivants, et qu'importe l'image qu'ils fabriquent d'eux-mêmes sur nos iPhones et autres écrans de fumée, pendant que l'Europe, par réflexe mécanique et nostalgique hérité de la guerre froide, s'est confectionné, sous le haut patronage pas seulement idéologique des États-Unis d'Amérique, tout à la fois un ennemi et une guerre pour se (re)donner du sens là où il n'y en avait plus, là où il ne pouvait y en avoir que dans la contradiction, puisque l'Europe précisément s'était construite pour qu'il n'y ait plus jamais de guerrière confrontation. Peut-être a-t-elle pensé la méthode applicable en souvenir des adversaires d'antan, tel pays en armée régulière combattu sur le champ de bataille. Seulement, ni Ben Laden, Daech, les Occidentaux radicalisés et les loups solitaires téléguidés ni l'antiterrorisme ne font armée à l'ancienne. L'échiquier et ceux qui y jouent réellement sont ailleurs. À la Silicon Valley ? Peut-être, mais peut-on demander au simple citoyen européen une réponse claire et tranchée quand son entité politique de référence amalgame le mythe historique et l'histoire factice ?

La France et l'Europe n'émerveillent et ne sont choyées que dans les discours ; dans le réel, l'utopie d'un modèle alternatif crédible face au cousin d'Amérique se désagrège chaque jour un peu davantage. L'Europe prend les allures d'un séduisant rêve qui a tourné au cauchemar ; et son modèle outre-Atlantique, ou son obligé, la République populaire de Chine, est si capital, si capital ! Trop capitaliste pour s'émouvoir du ternissement d'une beauté autre que la splendeur de l'oseille ou du blé.

Un soir en plein confinement, j'ai entendu, en *replay* sur Arte, mon *homeboy* Régis Debray méditer au sujet de l'Europe. Et, par association d'idées, j'ai pensé à Strasbourg et à l'Avenue de l'Europe. J'ai siégé adolescent, une fois, avec mon groupe de rap, en quête d'un financement, au Conseil européen de la jeunesse. Nous étions, pleins d'allégresse, sur le point de finaliser notre première tournée dans ce pays bientôt coupé en deux, la Tchécoslovaquie. Je réalisais, dans l'obscurité, que j'avais été finalement introduit comme artiste à l'Europe avant de l'être à la France. Cela à la fois expliquait et augurait d'un certain nombre de choses, me suis-je dit, et notamment, en toute humilité, d'une certaine clairvoyance.

Bref, voilà ce qu'a répondu Debray quand sur l'Union européenne on l'a questionné :

> « Si vous me parlez de l'Europe managériale d'aujourd'hui, l'Europe des économistes, je vous dirais que c'est une construction intéressante, c'est une union douanière, c'est une monnaie unique qui aurait pu être commune. Mais en tout cas, ce ne sera pas une Europe puissante. Ce ne sera pas une Europe politique... Ce n'est pas en faisant une monnaie qu'on fait un peuple. Surtout si cette monnaie est un billet de Monopoly. Comparez un euro avec un dollar, vous comprendrez. D'un côté, vous avez une histoire, une géographie, une théologie "*In God We Trust*". De l'autre côté, vous n'avez rien, pas de lieu, pas d'hommes, pas de devise, rien ! Un billet virtuel pour une Europe virtuelle. Aucun lieu, aucun personnage, aucune devise. Vous trouverez tout ça sur un dollar, le dollar exprime une histoire et un peuple. »

Après avoir visionné cette vidéo, seul, sur mon iPhone, à une heure avancée de la nuit, alité, et isolé du reste de ma petite famille depuis un peu plus d'une semaine à cause d'une maladie qui hésitait entre la grippe et l'agonie, j'ai été assailli par une série de théories. Je me suis demandé si l'Europe s'était fait avorter de l'Européen ou si elle l'avait perdu en couches ? Si les marchés faisaient vraiment la misère aux États et si les marchands avaient réellement fait botter les Nations en touche ?

Et puis d'autres théories pleines de finasseries portant sur le jeu électoral et la démocratie. Sans aucun doute est-il plus facile à vous de le comprendre qu'à moi de vous l'expliquer. Qu'étais-je en train de faire, en réalité, si ce n'est, abandonné seul dans cette obscurité, dresser le tableau obscène d'un théâtre d'ombres où les acteurs n'étaient pas les metteurs en scène. Je crayonnais littéralement, dans mon esprit fiévreux, la Banque fédérale allemande et la BCE comme le plus beau spécimen décisionnaire à deux têtes qui se puisse rencontrer. Point de jeu démocratique avec ce monstre facétieux, pensai-je, ou bien alors nous n'y avions pas encore été conviés, et ma présence innocente, inconsciente, dans l'hémicycle du Conseil européen de la jeunesse, il y a quelques années, ne pouvait être sérieusement considérée.

Jeune adulte, j'allais commencer à y croire pourtant, au tout politique, mais la journée passée à ses côtés fut courte, bien qu'elle m'eût paru longue. Nous nous étions juré des choses, la politique et moi, mais, à force de justifier l'injustifiable... Ce ne fut pas juste ma croyance en elle qui s'en alla, ce furent aussi ma jeunesse et mon innocence qui abdiquèrent.

Les périodes de confinement et tous les événements qui se sont passés dans ma vie, dans notre pays et dans le monde entre ces deux moments ne cessent plus désormais de me faire penser.

C'est la fin d'une ère, la fermeture d'une parenthèse ouverte par la Révolution française qui a façonné une conception du monde faisant écho au destin de notre communauté nationale ; soit une certaine idée de l'universel loin des clientélismes, des intérêts égoïstes et des ambitions vénales. Bien que tôt ou tard plébiscité par une myriade de peuples, cet idéal, cette utopie n'avait au commencement rien d'original, au final, puisque tout homme, toute femme dès sa venue au monde, lutte pour sa liberté tout naturellement, même si aucun, dans ce cadre, n'allait pouvoir la réaliser vraiment. L'alternance a fait son temps et l'idéologie politique au sens fort et noble du terme et de la morale s'est faite vassale d'une économie pilotée par la finance et le capital, autrement dit par l'égoïste, l'ignare et le bancal.

Comment a-t-on vraiment vécu les siècles qui ont précédé cette débâcle, cet âge d'or en trompe-l'œil qui n'était au fond qu'un sursis ? Parce qu'il faudra bien y revenir autrement que par la chimère et l'émotionnel. En attendant, sans aucun doute, la laïcité restera le plus grand legs de cette aventure d'un peu plus de deux siècles. Partons d'elle pour bâtir ce fameux *monde d'après*, et si le début détermine la fin : le droit, l'honnêteté et l'empathie seront les nouveaux écrins de cette nouvelle harmonie.

Si la laïcité n'est pas religion, elle aussi est sacrée. On peut se donner des règles à soi-même sans que celles-ci, parce qu'en droite provenance de l'humaine raison, ne soient, au même titre qu'une révélation, porteuses d'une métaphysique de l'union. Si les islamistes (comme on dit couramment) ne sont absolument pas en droit de faire la loi dans notre pays, nous ne sommes pas non plus en droit de la faire chez eux, hors de nos frontières. Mais les comportements justes n'habitent plus que les discours en Occident, disions-nous. Le réel se régule par la loi du plus fort et le taux de croissance. Et lorsqu'un ancien candidat à l'élection présidentielle proclame avoir la finance pour seul ennemi, il n'est pas anormal qu'on se dise que le monde aurait été tout autre si le président élu avait joint l'acte à cette parole.

> «Nous devrions nous autoflageller,
> regretter la colonisation,
> je ne sais quoi encore…»

C'est en ces tristes termes que les retardataires de l'ancien monde voudraient que débute le roman national du nouveau. Mais penser résoudre un problème en prétendant qu'il n'existe pas, c'est faire l'apologie du chaos.

L'Histoire est toujours un récit et il faudrait pouvoir le raconter dans la forme d'aujourd'hui.

Raconter dans un premier temps – mais déjà à ce stade de manière inclusive, sans qu'aucun n'ait le sentiment qu'on l'esquive – dans les écoles primaires jusque dans les collèges cette histoire exaltante de la France légendaire.

Puis à la suite de l'émerveillement, dans un deuxième temps, à la fin du lycée, revenir sur le récit, le déconstruire, le critiquer, le mettre en perspective face à d'autres visions du monde, là encore de manière inclusive et complexe, sans être dans une accumulation de plaintes, sans aucun doute légitime, mais un récit tenant plus de l'analyse, au sens psychanalytique, que de l'étude objective du fait historique.

Chaque complexité de la communauté nationale repliée sur elle-même ne peut justement penser au-delà d'elle-même. Les décisionnaires du présent, sur le mode du monde d'avant, sont dans l'incapacité de saisir la pleine mesure de ce phénomène et donc, en inconscience, tout bonnement le refusent. Et finissent par se convaincre davantage encore, si j'ose, dans une sorte d'auto-hypnose, que rien n'a changé, que rien ne peut changer, que rien ne doit changer. Ils évoluent dans un monde qui n'est pas réel, qui n'existe que pour eux-mêmes.

C'est un petit monde, une antichambre, où de toujours respectables messieurs blancs, pour la plupart, ahuris se préparent en attendant la prochaine élection qui confirmera une illusion de moins en moins crédible, de moins en moins collective.

La peur se nourrit de la peur qui se nourrit du mensonge qui se nourrit du rien et puis, à l'aube d'un jour nouveau, la vérité vient.

Addendum

J'ai pris part à la Marche des libertés le 28 novembre 2020, partie de la place de la République à Paris. Cette manifestation contre la loi dite de « sécurité globale » qui, entre autres, remettait en question le droit de filmer les forces de l'ordre dans l'exercice de leur fonction faisait suite au passage à tabac par des gardiens de la paix (sous un prétexte ne pouvant en aucun cas justifier un tel déferlement de violence, à la limite du lynchage) du producteur hip-hop Michel Zecler, qui n'aurait jamais eu gain de cause si son agression n'avait pas été… filmée et rendue publique. Je fus contacté par la pugnace Valérie Osouf, une amie de ma très bonne amie la réalisatrice et militante Hind Meddeb, membre du conseil d'administration de la SRF (Société des réalisateurs de films), participant précisément à la Coordination contre la loi « sécurité globale » avec des ONG, des syndicats professionnels de la presse, du cinéma, du personnel hospitalier et de l'éducation et des collectifs de familles victimes de violences policières et de soutiens aux exilés.

Accompagné de mon éminent collègue rappeur, ancien membre du Saïan Supa Crew, Féfé, je fus donc invité à prendre la parole avec de nombreux autres citoyens concernés durant cette marche à laquelle participaient près de 50 000 personnes. Aux côtés d'Assa Traoré, cette femme extraordinaire, qui a sacrifié sa vie personnelle non seulement pour défendre avec courage et acharnement la mémoire de son frère, Adama – mort dans d'obscures conditions après une arrestation sauvage –, mais également pour lutter contre toutes les formes d'injustices, avec en tête celles des violences et des exactions commises en toute impunité par une partie minoritaire mais active des forces de l'ordre, devenues à bien des égards le lot quotidien de notre pays.

Voici donc en substance le discours que je tins, hissé sur un camion en chemin entre place de la République et Bastille :

> « En réalité ce moment est une opportunité qui arrive à un moment crucial non seulement à l'échelle de notre pays, mais également au niveau du monde. Ce moment est une opportunité parce qu'il nous fait prendre profondément conscience que cela suffit, que Michel (qui heureusement est encore parmi nous) aujourd'hui en ces temps troubles nous symbolise, nous représente tous, personnifie le peuple victime, démuni, face à un pouvoir déconnecté de nos réelles préoccupations, de nos profondes aspirations. Ce pouvoir, du fait de sa déconnexion et de l'incohérence qui en découle naturellement, ne peut qu'agir, toujours un peu plus, de manière inhumaine.
>
> Ce moment est une opportunité, celle de réaliser l'urgence de notre union, de l'union du peuple dans toutes ses sensibilités, toutes ses identités, toutes ses personnalités, pour lutter concrètement, efficacement contre tout pouvoir exercé sans considération sincère de cette

humanité, symbolisée par cette citoyenneté, que nous avons en partage. Et puisque l'union fait la force dit-on, et puisque le pouvoir ne comprend que la force, nous y arriverons. Nous arriverons, en luttant sans relâche tous ensemble contre ces injustices – perpétrées par un pouvoir orgueilleux et ivre de lui-même –, à remettre l'humain, autrement dit le peuple, au centre. Dans une démocratie l'impulsion est toujours donnée par la rue, toujours donnée par les petites gens, toujours donnée par les victimes, toujours donnée par le peuple. Par la capacité en tant que peuple que nous aurons à retrouver et à imposer les idées de justice pour tous, d'empathie, de bienveillance et d'honneur. Tout cela en écho à nos valeurs républicaines chéries liberté, égalité, fraternité. On est ensemble tous et tous ensemble nous y arriverons. »

III

Juliette Gréco

Hier, à dix minutes de monter sur la grande scène de la Filature à Mulhouse, afin d'interpréter le spectacle intitulé *Lettre à ma ville 2020*, pour la seconde soirée consécutive, à travers la lecture en musique d'une cinquantaine de missives, comme autant de lettres d'amour, d'un peuple adressées à sa ville, celle-là même qui fut en France l'épicentre de la première vague meurtrière de Covid; quoique évidemment j'eusse préféré ne l'avoir jamais su, j'ai encaissé la nouvelle comme quatre coups de couteau portés dans l'aorte : «Juliette Gréco est morte.» Dès lors mon inquiétude, au demeurant récurrente, au sujet de l'avenir de la France se mua en crise de panique. Je me suis soudain senti, phénomène étrange et mystérieux, littéralement observé par moi-même comme par un autre.

Un long corps noir éteint, affalé sur une chaise. Regard un peu crépusculaire, un peu devin mal à l'aise, accroché à son téléphone branché sur une prise, posé sur un coin de table au fond de la loge, bientôt vibrant et clignotant dans un mélange intempestif.

Un séisme de SMS, de messages vocaux et de courriels vint secouer mon iPhone. Certains journalistes, les plus féroces, désiraient à tout prix, et à chaud, une réaction de ma part. Juliette était vraiment morte…

Il me semblait pourtant que mon silence était de mise en cet instant, et que ceux qui disaient dans ma boîte vocale ou écrivaient sur ma messagerie WhatsApp savoir « à quel point [j']aimais Juliette Gréco… *(sic)* » auraient dû savoir aussi que ce deuil immédiat allait me dépouiller de la totalité de mon cerveau. La sidération face à cet événement était pour moi l'unique possible réaction. Mais la consommation compulsive de l'info du jour, le diktat de l'audimat et la politique de la culture ignorent tout de la raison, et de la mesure.

Deux jours plus tôt, j'avais été invité à l'Élysée, avec une dizaine d'autres artistes, à un dîner officieux et informel autour du sujet de la culture, précisément, et du *monde d'après*, comme on disait à présent. Durant de longues heures, dans cette immense salle de réception où un petit ange sculpté dans la dorure du plafond me surveillait du coin de l'œil, alors que je décidais d'interpeller, poli mais avec élan, le président de la République au sujet du choix, hasardeux à mon avis, du terme *séparatisme* pour évoquer un problème profond de perception d'une certaine partie de la communauté nationale qu'on enferme systématiquement dans une position de citoyen.ne.s de seconde zone ou de délinquant.e.s en puissance, problème dont – toujours selon moi – la solution se trouvait tout entière dans la reprise du fil du récit national, qu'on avait jusque-là plus ou moins abandonné en inconscience aux ultracapitalistes violents et aux racialistes blancs.

Je réalisais à ce stade que notre pays se préparait à entrer dans une méchante campagne électorale, au moment où un ministre d'État employait régulièrement et de façon décomplexée l'argumentaire, et surtout le vocabulaire au relent néocolonial, de l'extrême droite pour promouvoir, alors qu'on nous avait promis en avoir fini avec depuis la présidence de 2007, la culture de la peur – ici déclinée dans la promotion d'une culture pernicieuse ostracisant dans les faits toujours plus grossièrement les exilé.e.s, les Français.es de confessions musulmanes, les Français.es noir.e.s, les Français.es d'origine maghrébine et tou.te.s les habitant.e.s des quartiers populaires en général.

Il me semblait que ce *momentum*, celui des Gilets jaunes, d'Assa Traoré (et les scandales à répétition des violences et du racisme systématique d'une partie des forces de l'ordre), d'Adèle Haenel et du renouveau du féminisme, de la crise migratoire, de la pandémie du Covid-19, de la crise climatique et de la victoire historique en trompe-l'œil des écologistes aux municipales, de la recrudescence du terrorisme domestique et international (instrumentalisant l'islam et alimentant l'extrême-droitisation des mentalités des sociétés occidentales), nous obligeait en tant que citoyens à élever nos voix à présent, à l'unisson, contre ce qui avait toutes les apparences d'une stratégie bornée à la fois électoraliste, réactionnaire et méchamment libérale, qui, faisant peu de cas de la culture comme moyen essentiel pour créer du lien et de l'harmonie dans la gestion de la complexité, en termes d'identité ou plutôt de personnalité, du peuple français, ne pouvait que fracturer davantage notre nation, à moins de deux ans de l'ultime suffrage donnant encore un peu de frissons au peuple France dans son entièreté, depuis le général de Gaulle.

Au même moment, je vivais ma période Rocky, celui dans l'épisode le plus sous-estimé de la saga : *Rocky V*. Si je souhaitais résumer l'histoire, je dirais qu'il s'agit du récit d'un boxeur millionnaire qui, après avoir tout perdu, se voit contraint de retourner avec sa famille dans le quartier mal famé de Philadelphie dans lequel il a grandi.

Il me parut curieux, avec le recul, que j'eusse pu passer à côté de ce moment de l'épopée de l'icône *pop* incarnée par Sylvester Stallone sans en percevoir, sans rire, la sagesse universelle applicable *de facto*. En effet, mon épouse et moi-même, étant tous deux des saltimbanques hip-hop, étions contraints de faire quitter les beaux quartiers parisiens, où nous résidions depuis un certain temps, à notre famille à cause des répercussions économiques désastreuses du confinement sur nos professions. Ce n'était pas grave en soi, nous avions vu pire – mon épouse avait grandi dans une cité de Bobigny dans le 9.3, et moi au Neuhof à Strasbourg – et n'étions pas sans le sou, mais le report *sine die* ou l'annulation pure et simple de la plupart des représentations de la tournée *Le Jeune Noir à l'épée* (intitulé ainsi en référence au tableau de Pierre Puvis de Chavannes, peint en 1850, soit juste deux ans après la seconde abolition de l'esclavage), spectacle que nous avions monté avec enthousiasme la saison précédente au musée d'Orsay dans le cadre de l'exposition « Le modèle noir de Géricault à Matisse », nous obligeait à un serrage substantiel de ceinture. Et ce qui aurait pu prendre des allures de déclassement social, après l'éveil collectif de conscience consécutif à ce même confinement, participait à un retour aux sources, un moment providentiel pour me recentrer dans mon cheminement spirituel d'homme, d'époux, de père et d'artiste, tel un Albert Camus au petit pied rédigeant la préface de son ouvrage de jeunesse, *L'Envers et l'Endroit* :

> « Et puis un temps vient toujours dans la vie d'un artiste où il doit faire le point, se rapprocher de son propre centre, pour tâcher ensuite de s'y maintenir. [...] Dans le songe de la vie, voici l'homme qui trouve ses vérités et qui les perd, sur la terre de la mort, pour revenir à travers les guerres, les cris, la folie de justice et d'amour, la douleur enfin, vers cette patrie tranquille où la mort même est un silence heureux. »

Je réalisais que mon idée au sujet d'un monde meilleur et moi-même étions déjà, en me mettant à écrire concrètement à propos d'elle durant le premier confinement, d'anciens et même d'excellents compagnons de route.

Nous échangeâmes, nous débattîmes outre mesure de toutes sortes de stratégies pour la voir advenir sur le champ du réel, dès tôt chaque matin, et il me semblait ne jamais nous interrompre, même lorsque j'accompagnais mes enfants à l'école. Ainsi, le dialogue s'étirait jusqu'en fin d'après-midi, assis que j'étais en tailleur sur un doux et épais tapis de prière à même le parquet, dans une pièce pleine de cartons remplis de livres qui allaient, déjà minuscule, la faire rétrécir encore davantage une fois déballés.

Pour m'aérer l'esprit, cette quête de volupté chaste, j'avais pris l'habitude de parcourir chaque soir à pied le chemin entre les stations Château-d'Eau et Château-Rouge, où se relayaient par dégradés de tonalités linguistiques, sur ces trottoirs du Nord-Est parisien, des pans entiers d'Afrique subsaharienne et d'Afrique centrale, d'Inde et des alentours, de Maghreb puis d'Afrique noire à nouveau et, parsemées ici et là sur tout le trajet, de touches roms et syriennes. C'était le monde entier qui réclamait du pays des Droits de l'homme solution, exemplarité et cohérence rapport aux droits, bien sûr, mais aussi aux valeurs universelles par nous-mêmes initiées au moment de la Révolution française.

Me revint en mémoire, lorsque j'entamais précisément une de ces promenades nocturnes et transculturelles, un souvenir du palais présidentiel. Me remémorant par touches les propos fougueux et poétiques tenus, face au président de la République, par le dramaturge Wajdi Mouawad et ceux, tout aussi fougueux mais avec une pointe de nostalgie joyeuse – nourrie aux nanars de Michel Audiard –, des réalisateurs Toledano et Nakache. Le premier évoquant le drame de son pays d'origine, le Liban, et la fonction de l'artiste comme guérisseur extralucide – fonction qui selon lui n'était plus désormais suffisamment prise au sérieux même au pays de Victor Hugo, et que de cet abandon exprès naissaient les autocrates qui *squattaient* désormais le réel et les imaginaires de nombreux Occidentaux comme autant d'alternatives crédibles en matière de gouvernance. Par la suite, les seconds s'exprimèrent quant à eux dans des termes un peu plus techniques mais pas moins fondamentaux sur la protection, sans rejeter la validité des instances européennes, de notre fameuse exception culturelle, et sur l'urgence de l'organisation d'une résistance patriote face aux appétits de la Chine et des GAFAN, aiguisés notamment par notre formidable patrimoine cinématographique.

Si ma génération se savait redevable au cinéma américain (celui célébrant les éclopés de tous genres) et à un certain hip-hop américain lui aussi (celui de la contre-culture et de la poésie subversive noire), elle savait cependant à quel point le rap, depuis les années 2000, couplé aux réseaux sociaux et au *streaming* (nouveaux instruments de culture de masse et de consommation) avait, par un effet particulièrement pervers, en partie semé la plus grande des confusions dans les esprits les plus jeunes et les plus fragiles. Bien que l'Amérique fût à l'évidence à l'origine de nombreuses idéologies progressistes et autres innovations technologiques, elle ne pouvait être l'unique modèle culturel. Pour toutes ces raisons, ma génération ne voulait plus se soustraire ni à la France ni à l'Europe (ou être systématiquement réduite à ses racines lorsqu'elle avait telle couleur de peau ou tel patronyme à consonance non blanche) et souhaitait proposer sa propre vision du monde.

Tout en marchant, je me disais donc que, moi aussi, je devais entrer dans le maquis, en faisant entendre cette ardeur morale combinée à ce génie français qui ne pouvait que nous permettre, à la fois individuellement et en tant que peuple, de distinguer avec clairvoyance les enjeux essentiels de la France du XXIe siècle et de ne pas sombrer dans la plus bête et brutale des guerres civiles. Je pensais également que, même ayant entendu de la bouche de sa petite-fille que Juliette était partie paisiblement dans son sommeil, le fait de savoir que je n'allais plus jamais la revoir et plus jamais deviser culture, surtout poésie, avec ce formidable esprit pédagogue – qui avait su me faire comprendre que la langue française n'était pas un outil pour faire France mais la France elle-même – me rendait tragique et muet.

C'est avec tout ce fatras en tête et le cœur lourd que je suis monté sur la grande scène de la Filature.

« Pour autant, mon cœur révolutionnaire continue de battre : il faut tout changer, vite, en commençant par le système financier. Et même si pour une partie de l'humanité la désespérance est si profonde qu'elle est devenue destructrice ou autodestructrice, je garde une foi imputrescible dans l'être humain. »

(Juliette Gréco *in Télérama*)

Et puis le lendemain, tôt dans la matinée, encore allongé sur ce petit lit d'où dépassaient mes pieds, dans la petite chambre d'hôtel à Mulhouse, j'ai pris mon iPhone et suis allé sur mon compte Instagram. Je souhaitais rendre hommage à Juliette. Publier une photo d'elle et écrire quelque chose de beau, mais rien. Ne parvenant, après un certain temps, qu'à rédiger une pauvre phrase soulignant mon impuissance, sous une photo en noir et blanc. C'est mon frère qui avait commis ce cliché, à l'époque où Juliette (et son époux le grand pianiste et compositeur de Jacques Brel, Gérard Jouannest) vivait à Verderonne dans l'Oise, tout en blaguant avec Gérard, avec lui de l'autre côté de l'objectif. L'image nous montrait Juliette et moi de dos, têtes baissées, nous éloignant en direction des arbres de sa propriété. Cette après-midi-là nous causâmes longtemps, comme désormais à notre habitude puisque quelques mois plus tôt, extrême honneur, elle m'avait choisi pour écrire et réaliser le film de sa vie. Nous nous retrouvions alors comme ça assez souvent et je l'écoutais parler poésie, France et amitié, tels étaient les désirs qui étreignaient la muse de Saint-Germain-des-Prés, Juliette Gréco, en 1949 cette jeune femme de vingt-deux ans qui débarqua dans la chanson et, comme le dit si justement mon ami Bertrand Dicale, inventa la femme libre.

Juliette débuta en chantant des chansons écrites par Raymond Queneau et Jean-Paul Sartre. C'est même ce dernier qui lui mit le pied à l'étrier. «Juliette, vous allez chanter!» lança Sartre à la jeune femme un soir où, après l'avoir invitée à dîner elle et trois de ses amis, il descendait à la tête de la petite troupe, et à pied, la butte Montmartre comme Socrate entouré de ses disciples. Sous son air timide et renfrogné, Juliette avait-elle conscience que le compagnon du Castor venait de découvrir Gréco?

Le doute auquel est en proie la jeune Juliette à l'écoute de la prophétie du philosophe va pourtant bientôt se dissiper. L'interprète de génie est déjà en train d'accoucher d'elle-même, de se reconnaître dans la fonction dans laquelle l'a imaginée son illustre aîné ; tout comme elle se reconnaissait dans sa génération – celle de ces jeunes gens qui avaient à peine vingt ans en 1945, incarnée par ses amis Anne-Marie Cazalis, Marc Doelnitz et Jacques-Laurent Bost qui, tous présents ce soir-là, furent témoins de son intronisation officieuse.

Les soixante années à venir allaient voir cette grande brune d'une beauté hors norme se muer en la formidable gardienne d'une certaine tradition poétique française et une infatigable faiseuse de (post)modernité.

Juliette Gréco fut un héros, parce qu'elle ne se contenta pas d'être une simple artiste mais, comme le général de Gaulle ou Napoléon, devint de son vivant, par ses engagements et la force des choses, la personnification de la France. Elle fut autant l'incarnation – dans l'inconscient collectif de nombreuses générations –

de l'idée de patrimoine que de modernité puis, enfin, de postmodernité. Tout chez elle, de son physique iconique à son état d'esprit subversif et avant-gardiste, s'origine à la source de l'identité française, qui est le refus d'asservissement. L'histoire de vie de Juliette Gréco se confond avec une certaine idée de la modernité et de l'élégance à la française. Et, tout comme l'histoire moderne française, son récit de vie participe d'une volonté émancipatrice fondée sur la redéfinition de la place des femmes – et donc des hommes, de leur rapport aux autres et au monde.

Cependant, alors que restait vivace mon inquiétude, en tant que citoyen français, noir, musulman, issu des quartiers populaires, parce qu'avec le départ de Juliette Gréco une certaine France disparaissait, je m'aperçus aussi soudain du caractère opportun que pouvait représenter le fait de s'en rendre collectivement compte.

L'amitié que je partageais avec Juliette n'avait rien d'anecdotique. Elle symbolisait l'union des contraires, les noces du noir et du blanc, le dialogue intergénérationnel, la mixité sociale, l'amour comme acte subversif. C'est la spiritualité laïque autrement dit : la reconnaissance. Et Juliette avait su me reconnaître, moi le rappeur musulman noir de la cité HLM du Neuhof, comme Jean-Paul Sartre avait su l'identifier elle, plus d'un demi-siècle avant notre rencontre. Rien ne réconcilie plus avec les autres et avec soi-même que la reconnaissance.

Au cours de cet automne où la France était ramenée à revivre par procès interposés l'horreur absolue des attentats de janvier 2015, où tous les foyers du pays accros à l'information en continu découvraient chaque matin sur CNews le racisme, la violence, l'inhumanité et l'antipatriotisme, en réalité, d'Éric Zemmour, où invité sur France Inter Geoffroy de Lagasnerie se demandait s'il fallait encore croire au débat et à la discussion en politique lorsqu'on savait que la politique précisément n'obéissait jamais à une logique de la discussion et de l'argumentation, mais toujours à celle du camp, de l'idéologie, de l'intérêt objectif; qu'en somme, s'opposer de cette manière à des dominants d'ores et déjà perdus pour la (bonne) cause n'était que gâchis d'énergie et de temps – un automne où les téléspectateurs et les auditeurs de ces médias s'apparentaient plus à des individus en errance qui sentaient inconsciemment, avec une impuissance réelle, cet état d'esprit de guerre civile, qu'à des êtres pacifiés, maîtres de leurs actes et de leurs émotions –, je ne pouvais m'empêcher de penser que si Juliette avait encore été de ce monde, elle m'aurait dit en souriant et en plissant ses grands yeux noirs qu'il ne fallait pas être de son temps mais créer son temps.

Cet argument était suffisant pour faire comprendre que le moment était venu de résister, précisément, à l'air du temps, et de se libérer de la place où nous assigne perpétuellement une société incapable de prendre la véritable mesure des valeurs supérieures – en s'évertuant au quotidien à dire l'absolu contraire de la manière dont elle nous fait, dans le réel, agir et interagir les uns les autres, et à ériger l'incohérence, le chaos et l'avoir, en conscience ou pas, pour notre plus grand malheur à tous, en nos seuls projets collectifs lisibles.

Durant des siècles, il était aisé de comprendre que toute personne qui *réussissait* d'une manière ou d'une autre était un être de foi. Cette foi qui est, toujours avant tout, une fidélité à toutes ces valeurs universelles qui nous lient, et nous font comprendre que toute vie est sacrée. C'est cette foi qui nous donne l'aptitude à voir au-delà des apparences, du temps présent, de l'inertie et du cynisme. Cette foi qui est l'empreinte des résilients, des résistants, des libérés, des femmes et des hommes vivants qui transmettent, par leur existence même, une exemplarité qui ne meurt pas, qui sauve déjà les générations qui sont là et toutes celles qui viennent.

> «J'ai réinventé le passé pour voir la beauté de l'avenir.»
>
> (*Le Fou d'Elsa*, Louis Aragon)

* * *

À mon retour du rassemblement organisé par le comité Adama – qui avait réuni près d'une centaine de milliers (officiellement moins d'une vingtaine de milliers…) de personnes, en grande partie des jeunes de tous les milieux socioculturels –, sur le parvis du tribunal de Paris, dans le 17e arrondissement, contre les violences policières et le racisme, en soutien et en hommage à Adama Traoré et à George Floyd, le 2 juin 2020, je ne réalisais pas encore clairement qu'après deux mois de confinement l'ancien monde venait de mourir. Jusqu'à ce que j'en lise – à la cafétéria de l'hôpital où mon épouse allait donner naissance à notre quatrième enfant et notre première fille –, sous la forme d'un texte intitulé «J'étouffe» dans le journal *Le 1 hebdo* d'Éric Fottorino, le rapport d'autopsie rédigé par le cinéaste Raoul Peck. La mère patrie «est dans le déni et ses enfants n'ont plus le temps. Ses enfants "adultérins" ne veulent plus attendre. Ses enfants noirs, blancs, jaunes, arc-en-ciel s'agitent [...]. On est simplement arrivés à la fin d'un bien trop lourd héritage d'injustice, de déni et de profits, construit sur la misère des autres. Il faut tout reprendre à la racine».

En réalité, les miens et moi-même étions des enfants légitimes de la République, mais nous nous vivions (et étions vus) comme des bâtards, comme des enfants qui n'étaient pas (et n'avaient pas été) désirés par la France. En outre, dans les cités où nous grandissions, nous n'avions à notre disposition aucune expérience qui nous aurait fait vivre la France autrement que dans l'abandon. Pour le meilleur et souvent pour le pire, la rue – qui par la force des choses était devenue notre mère patrie de substitution – nous donnait comme unique perspective les statuts de délinquant, de sportif, de rappeur ou d'acteur de cinéma, ces citoyennetés de remplacement.

La rue, la cité… Pendant longtemps la France prit pour moi le visage de cette marâtre lunatique qui tout à la fois me contrôlait au faciès, m'incitait à devenir riche – en assimilant la richesse exclusivement à la matière –, et m'enfermait dans la culture de la tribu racisée, du viol et de la violence. C'est à travers le prisme de cette normalité biaisée que je voyais, que je vivais, que beaucoup d'entre nous vivent encore la France et la République. Voici en réalité la seule expérience de la République vécue quotidiennement, concrètement par la majorité de la jeunesse des quartiers populaires de France. C'est bien là qu'est le cœur du problème.

Bien que venant moi-même de la rue, la providence me donna le genre de modèle, et donc d'expérience, dont a aujourd'hui besoin notre pays. Cette liberté, cette égalité, cette sororité (cette fraternité pratique) que j'ai pu partager avec Juliette Gréco, c'est tout bonnement la France qui a su se reconnaître et donc se réconcilier avec elle-même. C'est la puissance d'une relation sincère réellement vécue entre deux êtres de chair et de sang dont l'union représente symboliquement la France dans son entièreté, dans sa complexité.

Pour moi, Juliette Gréco représentait la France, et par extension la République, mais je la représentais également moi-même à ses yeux. Et cela fait toute la différence. Voici la raison pour laquelle l'idée même de République doit absolument devenir une expérience vécue si l'on souhaite véritablement la réconciliation. Si on souhaite que la France soit à nouveau pleinement elle-même, c'est-à-dire un peuple uni autour des valeurs de la République avec en tête celle de la justice.

«Si nous voulons que rien ne change, il faut que tout change.»

(réplique du film *Le Guépard* de Luchino Visconti)

Comme un signe, j'ai rencontré pour la première fois la muse de Saint-Germain-des-Prés et Gérard Jouannest peu de temps après les émeutes de 2005 qui incendiaient les cités de France. À la suite de ces événements et de cette rencontre providentielle, il y a tout juste quinze ans, je réalisais mon deuxième album solo, *Gibraltar*; traduction en musique de mon premier livre, *Qu'Allah bénisse la France!*, où je témoignais de mon expérience vécue des cités HLM, du rap et de la religion de l'islam. Bref, de ce qui depuis quarante ans, d'une manière ou d'une autre, était au cœur de notre débat national.

Si mon objectif était de dire comment l'amour d'une mère seule, l'éducation républicaine et le soufisme m'avaient sauvé la vie, il était également de lancer un signal d'alerte contre cette maladie de la désunion qui consiste à donner l'impression de déconsidérer systématiquement une partie de la communauté nationale au risque de voir un sentiment de haine – qui n'a cessé de grandir depuis – prendre toujours un peu plus corps dans notre pays.

Et si j'ai pu être traité ici et là par certains, au choix selon les périodes, de bien-pensant, d'outrancier, d'intellectuel (qualité honnie pour un rappeur), de donneur de leçons ou d'utopiste, la plupart en sont revenus.

Depuis 2006, date de sortie officielle de mon album, en effet, l'actualité n'a eu de cesse de s'emballer encore, et rarement pour le meilleur, concernant le cynisme de nos dirigeants politiques et économiques et le sentiment d'abandon généralisé des quartiers populaires, la trop souvent inconscience hors de la préoccupation de l'argent du principal courant musical et culturel de notre temps, le rap, et la prise en otage de l'islam, une des plus grandes et belles traditions religieuses et spirituelles, par de vils petits délinquants fanatiques et des assassins sanguinaires. Sans changer mon point de vue, mes attitudes et mon être au monde, cette actualité récente a malheureusement confirmé mes prévisions les plus sombres et m'a conforté dans ma conviction – celle qui m'avait valu les sobriquets égrainés plus haut –, en gros, que seuls l'Amour, la Connaissance, la Re-connaissance et l'Honneur, autrement dit la capacité de consoler et de défaire cet étonnant penchant pour la Peur et la Haine qui sont les sources de tous les maux et du fantastique recul de l'empathie, pouvaient nous sauver individuellement et collectivement de ce chaos dont on vit aujourd'hui bien plus que les prémices.

Sachez que je m'efforcerai toujours d'aimer pour l'autre ce que j'aime pour moi-même. Comme le répétait Juliette, «*Je garde une foi imputrescible dans l'être humain*», dont il faut prendre soin. C'est un peu plus que de l'empathie en vérité, c'est l'amour sincère pour son prochain. Et cela signifie aussi éviter consciencieusement de dénigrer nommément, à tout bout de champ, les individus, en s'arrêtant plutôt sur ces attitudes qui consistent à toujours être contre et à mettre systématiquement de l'huile sur le feu au lieu de chercher l'apaisement et la conciliation. Je n'ai cessé, depuis près de vingt ans, de sillonner la France (ses petits villages, ses grandes villes et ses quartiers chauds) et de combattre, pacifiquement mais sans relâche (dans autant de silences, de prises de parole, artistiques ou non, publiques, médiatiques ou privées), ces croyances meurtrières qui veulent réduire l'identité française à une seule couleur de peau, une seule religion, un seul arbre généalogique.

Je juge aujourd'hui, en pleine crise sanitaire (qui n'est finalement que la manifestation de la crise profonde d'un monde qui ne sait plus mettre l'humain et l'esprit à leur juste place, c'est-à-dire au centre), qu'il est plus que jamais urgent de proposer une vision humaniste alternative, française et européenne, claire et enfin cohérente, et dont les principaux véhicules seraient l'art et la culture.

Il est vrai que depuis l'apparition du Covid-19, et de ses conséquences, plus personne ne remet en doute le fait que nous traversons depuis longtemps une crise grave. Dans ce sens, un formidable renversement a eu lieu dans nos consciences mondialisées et de nombreuses illusions, entretenues par les gouvernements du monde et les conseils d'administration des multinationales, ont volé en éclats.

La croyance que notre économie tenait sur autre chose que la consommation compulsive d'objets inutiles, de divertissements et de loisirs a fait long feu.

De même que l'idée qui prétendait impossible de réduire notablement, dans le court terme, cette pollution qui fait agoniser en continu notre planète entière.

Aussi, cette opinion fausse sur l'économie qui voulait que les peuples de la périphérie (les habitants des quartiers populaires, les agriculteurs et les femmes principalement) ne soient pas les plus essentiels à son fonctionnement.

En fait, pour la première fois depuis longtemps, dans les opinions publiques du monde entier, le dogme du « tout économique » – de l'aveu même de certains technocrates les plus fervents – est sérieusement battu en brèche. Je ne peux, pour ma part, que me réjouir d'entendre parler, dans tous les milieux socioculturels et aux quatre coins du globe (Instagram, Twitter, Facebook, TikTok et Snapchat faisant foi), de l'aspiration des peuples à l'avènement effectif de ce fameux *monde d'après*.

Mais, bien plus que la simple critique d'une économie devenue un système financier assassin, il y a un autre dogme fondateur, plus vague celui-là, qui hier encore semblait incontestable, et qui n'est plus accueilli aujourd'hui collectivement avec le même enthousiasme : c'est celui du *progrès*. Beaucoup, chez tous ceux qui sont sérieusement sensibilisés par l'avenir environnemental de notre monde, voient clairement que la civilisation occidentale, et son mode de vie outrancier, au lieu de poursuivre son développement dans le même sens, pourraient finir par prochainement s'autodétruire dans un terrible fracas n'épargnant rien ni personne.

Aujourd'hui, les différents gouvernements européens, en tête l'Allemagne et la France, avec l'aide logistique du pouvoir financier mondial (Fonds monétaire international, Banque mondiale, Banque centrale européenne, Organisation mondiale du commerce, etc.), à coups de milliards d'euros, nous donnent l'image d'une créature qui tente désespérément de se survivre à elle-même, alors qu'elle a déjà perdu sa véritable raison d'exister.

La manière effroyable et inhumaine dont les migrants, ou plutôt les exilés, sont traités, sur les territoires des Droits de l'homme, pour ne citer que cet exemple, en est la triste preuve. Alors qu'aux dernières nouvelles, la raison d'être de l'Europe, de la France, n'était-elle pas de garantir avec humanité et exemplarité les idées, démocratiques et républicaines, d'universalisme, de paix et de justice pour tous ?

L'Europe et la France n'ont pas de valeur en elles-mêmes, si elles ne tiennent pas compte des idées démocratiques et républicaines, dont elles ont le devoir de veiller à être, en permanence, à la fois les représentantes et les protectrices, depuis la fin de la Seconde Guerre mondiale. L'Europe et la France n'ont pas de valeur en elles-mêmes, si elles ne font pas tendre chaque citoyenne, chaque citoyen vers ce providentiel liant sociétal qu'est cet esprit laïc impérieux, d'une neutralité, toujours, chevaleresque.

Mais, nous le disions plus haut, aujourd'hui la manière qu'ont la France et les États européens de gérer certaines des affaires les plus cruciales de notre époque (environnement, immigration, identité, genre et parité, terrorisme, fanatisme, islam et altérité, quartiers populaires, justice sociale, éducation, culture, économie, etc.) est souvent l'expression d'une absence affligeante de bon sens, de bienveillance et d'empathie, et invariablement la démonstration consternante de l'unique préoccupation matérielle. Dans cet état de fait, accepter sans réfléchir, individuellement et collectivement, de se laisser influencer au quotidien, et en conscience, par une telle tendance, une telle mentalité, n'est plus tolérable, n'est plus excusable.

Cette crédulité est alimentée en flot continu par tous ces agents de la *pop culture* – qui se considèrent, dans certains cas en toute sincérité, artistes, mais qui ne sont finalement, pour la plupart, que de simples porte-drapeaux, conscients ou non, de multinationales ou de groupes mondiaux de communication dirigés par de véritables experts financiers de l'apologie de la coquille vide et du mensonge. En vérité, dans notre pays, artistes ou pas, toutes celles et ceux qui agissent de nos jours de la sorte nient sans états d'âme les idées fondamentales, altruistes en majesté et toujours positivement révolutionnaires, qui font de la France la France et de l'Europe l'Europe, depuis le Rêve des Révolutionnaires, la Résistance française et la fin de la Seconde Guerre mondiale.

Cela fait près de vingt ans, disais-je en ma qualité de saltimbanque des temps modernes, que je rencontre et échange dans cette dynamique avec une nouvelle génération de femmes, d'hommes, de seniors, sages et éclairés, qui comprennent l'urgence et les enjeux du XXIe siècle. En France, en Europe et dans le monde, ces activistes ou simples citoyen.ne.s concerné.e.s sont conscients que notre monde se trouve au point de bascule de son histoire, et que la méthodologie du maintien du *statu quo*, canonisée par les professionnels de la profession et les spécialistes du *tout et n'importe quoi*, qu'on voit en permanence sur les chaînes de télévision, ne peut plus suffire à colmater ces brèches devenues abîmes.

Nous sommes quelques-un.e.s en France à croire sincèrement que notre pays est le dernier capable de proposer une alternative civilisationnelle majeure à l'Europe et au reste du monde occidental. La France a dans son ADN la capacité effective d'opérer une transformation et un changement d'orientation radicaux, qui participeraient à modifier pour le mieux la face du globe.

Mais nous sommes aussi quelques-un.e.s à comprendre également que notre influence, et notre puissance de rayonnement, n'est plus la même que naguère, que nous sommes à la merci d'événements qu'il nous est, en l'état, impossible de prévoir et donc d'empêcher. Nous sommes pourtant très nombreux à saisir, ou au moins à ressentir d'instinct, depuis le premier confinement, que la principale cause des dangers qui nous guettent se trouve précisément dans notre obsession du matériel et du bien-être physique au détriment de l'esprit. Au fond, une puissance qui fait projet, exclusivement, d'une préoccupation aussi vaine, fragile et instable que *l'avoir* ne peut (pouvait) réussir que momentanément.

Cette dégringolade qui s'annonce n'est pas une simple vue de l'esprit, nous avons tous été témoins ces vingt dernières années, sur notre propre sol, de violences inouïes causées par un libéralisme aveugle, de bouleversements climatiques inédits, de la propagation d'idéologies mortifères – qui ont conduit aux pires exactions terroristes perpétrées par nos propres enfants –, de la montée des extrêmes droites, de confrontations ethniques de plus en plus violentes et du retour d'un idéal fasciste européen assumé. Tout cela directement en lien avec la vitesse et les facilités acquises par la technologie, le progrès, Internet en tête. Soyons réalistes : si une réorientation totale n'a pas lieu dans les dix prochaines années, il n'est pas sûr que nous puissions nous relever un jour.

Néanmoins, il est encore permis d'espérer. Nous pouvons encore nous arrêter. La France a en elle la force et le dynamisme d'une jeunesse sensationnelle au profil unique au monde, ainsi que toutes les ressources institutionnelles, culturelles et spirituelles pour se ressaisir à temps et devenir cette championne européenne qui brisera le cercle vicieux de cette bêtise et de cette ignorance égocentrique édifiées, de nos jours, en pseudo-sagesses. Dans ce sens, le moment que l'on traverse, aussi obscur qu'il puisse paraître, doit nous servir d'avertissement salutaire, par les inquiétudes et même la peur légitime qu'il suscite en chacun de nous, pour encourager la fin définitive de cette fuite en avant qui, si elle n'est pas stoppée, nous fera collectivement sombrer dans le chaos.

Il y a urgence à initier sérieusement ce travail de réconciliation. Et c'est sous le rapport du mental que celui-ci doit débuter.

Le travail de réconciliation consistera d'abord à imprégner, dans toutes les strates de la mentalité générale, cette vision ouverte qui accepterait sincèrement l'idée que l'on peut véritablement être français.es alors que nos racines se trouvent hors du continent européen. Et ainsi, ré-actualiser la croyance en une « communauté nationale une et indivisible » de façon durable.

Ce travail de réconciliation consistera également à lutter sans relâche contre cette vilaine manie de l'époque – qui atteint quelquefois même les esprits les plus brillants –, qui est de prendre les effets pour les causes ; et de croire le plus sérieusement du monde que ce qu'on ne voit pas n'existe pas. L'attitude si répandue qui consiste à systématiquement tout ramener aux faits économiques en est la parfaite illustration (croire que la problématique des violences policières – qui font partie des effets et non pas des causes, pour ne citer que ce cas – est simplement due à un manque d'effectifs et de moyens financiers est un exemple assez criant). Le Covid-19 a montré que cette manière de voir les choses est en grande partie illusoire.

Il ne s'agit pas de créer une VIe République ou d'utiliser d'obscurs nouveaux concepts pour diriger notre pays. La République, les idées démocratiques et laïques et les institutions qui en sont issues se suffisent à elles-mêmes. Et, si elles sont correctement comprises et strictement appliquées, vont même dans le sens des plus grandes sagesses traditionnelles et universelles.

Il faut seulement, pour cela, mettre fin à toutes les formes de communautarisme (y compris celui protéiforme de l'entre-soi d'hommes blancs aisés, tantôt bourreaux tantôt sauveurs) et agir efficacement en créant et en entretenant l'espérance (et en agissant dans ce sens) du renouveau d'une histoire nationale qui ne laissera plus jamais personne sur les bas-côtés. C'est en faisant germer cette idée, ce sentiment (avec l'aide de la culture, de l'art et de l'éducation) dans l'esprit de tou.te.s les Français.es, qu'elle finira par s'épanouir naturellement dans tous nos quartiers populaires, tous nos villages et tous nos centres-villes.

Dans un monde dominé par l'image, faisons du cinéma, en salle ou en streaming, et de la télévision, en téléviseur ou en smartphone, le principal catalyseur de la culture. Travailler à persuader, de toutes les manières possibles, tous les membres de la communauté nationale, sans exception, d'une authentique réconciliation : c'est comprendre aujourd'hui l'urgence et les bienfaits connus et reconnus de l'unité nationale et orienter absolument toutes nos activités dans cette direction. C'est ce mouvement collectif et sentimental que j'appelle le *faire peuple*.

Cependant, pour être totalement honnête, je dois préciser, afin que tout soit parfaitement clair, que je ne crois pas que ce sentiment puisse à lui seul mener justement notre pays, l'Europe ou le monde. La croyance contraire ne ferait de moi qu'un vulgaire idéologue, un sentimental patenté ou un de ces rêveurs moralistes qui ont si souvent conduit notre pays – après les sempiternelles promesses du *plus rien ne sera jamais comme avant* – dans le pire des cauchemars, où invariablement les femmes, les différents et les pauvres, tôt ou tard, finissent par retrouver leur statut de victime.

L'important pour moi est de mettre chaque chose à sa juste place. Le sentiment – aussi noble qu'il soit –, s'il n'est pas guidé, et même contrôlé, par le principe, l'idée supérieure, l'esprit, enfantera toujours le non-sens, la confusion et l'obscurité.

La réconciliation est donc le seul moyen de mettre définitivement fin à la confusion mentale qui règne dans notre pays. Et ainsi de dissiper toutes les vaines illusions de retour à un âge d'or qui polluent l'esprit de nombre de nos compatriotes, en les détournant de ce qu'Albert Camus appelle, en substance, l'exercice positif de notre métier d'être humain. C'est en empruntant ce chemin de la non-violence, de la justice et de la paix qu'on trouvera aussi de nouveaux terrains d'entente métaphysique, philosophique, culturel, politique, écologique et économique avec les peuples d'Afrique, d'Asie et d'Orient. Ainsi, le véritable âge d'or, celui concernant toutes celles et ceux vivant aujourd'hui dans notre pays, se trouve devant eux, se trouve devant nous.

Mon parcours de vie m'a amené à évoluer dans différents milieux. À échanger et à lier de profondes amitiés avec des gens issus respectivement de ces différents mondes, qui aujourd'hui ne se comprennent plus, ne se parlent plus, ne se connaissent plus, ne se regardent même plus. Et, au fond convaincus que leurs saluts respectifs sont indépendants les uns des autres, ont abandonné depuis longtemps l'envie de changer cet état de fait.

Pourtant, lorsque je suis dans la plus sordide des cités HLM, dans la plus rutilante des grandes villes, dans le plus petit des villages isolés, lorsque j'échange avec vous, jeunes et moins jeunes, esseulés, traumatisés, résilients, celles et ceux d'entre vous qui jamais ne se relèveront, celles et ceux parmi vous qui ont honte d'être privilégiés, celles et ceux qui veulent en finir définitivement avec la haine, celles et ceux qui voudraient tant aimer mais qui n'y arrivent pas, qui n'y arrivent plus…

Vous tous, je vous vois, je vous regarde dans les yeux, je vous écoute, je vous entends, je vous comprends et je vous aime, sincèrement. Vous êtes la France. Vous êtes mon peuple.

C'est donc instinctivement, en réfléchissant avec mon cœur, que je me suis fait *homme-pont*, *homme-passerelle*, et que je m'évertue depuis à faire se rencontrer toutes celles et ceux qui soi-disant ne le peuvent ni ne le veulent. C'est en conscience, de la gravité et de l'urgence du temps présent, que j'agis de la sorte.

Alors bien sûr, mon outil, celui de la poésie, peut sembler dérisoire, mais poétiser son existence nous oblige à l'intelligence du cœur, à la tendresse et à tout faire pour essayer d'être utile partout où son semblable humain est déconsidéré.

La phase que l'on traverse en tant que peuple est critique et on peut dire, dès maintenant, en étant sûrs de ne pas nous tromper, que si l'on continue à vivre et à penser comme nous le faisons aujourd'hui, chacun dans notre coin, ne nous préoccupant que de nos intérêts personnels, l'issue ne sera favorable pour personne.

> « Il n'y a pas un homme de bon sens qui, s'il s'élève au-dessus de ses passions ou de ses préjugés, ne discerne où sont les remèdes et combien ils sont pénibles. »
>
> (*Mémoires d'espoir*, Charles de Gaulle)

Finalement, ce texte est un rap qu'on chante sous le bruit des balles pour donner, à soi et aux autres, force et courage.

> « La chanson française vient de la rue, de la révolution. *Il pleut bergère*, *La Carmagnole*… *Le Temps des cerises* est né des barricades. Je la

chante parce qu'elle veut dire quelque chose qui me tient à cœur et au cœur. »

(Juliette Gréco *in Télérama*)

Juliette Gréco pensait qu'il y avait des colères qu'il était sain d'entretenir. Elle me disait souvent qu'elle était un peu sorcière aussi, et savait distinguer les vrais rêveurs, les vrais amoureux des imposteurs. Elle me confiait qu'il fallait oser le rêve et l'utopie, qu'il ne fallait jamais avoir peur. Elle était persuadée que la société n'existait pas en elle-même, que c'est de nous tous qu'elle était faite. Qu'en rejetant l'autre, c'était toujours nous-même que nous rejetions, en fait. Combien de fois l'ai-je entendue affirmer que seuls les poètes ou les artistes avaient le droit de se contenter de dire car pour nous autres artistes, me concluait-elle, *dire c'est faire.* Alors que pour tous les autres, se contenter de dire signifiait souvent énoncer le plus doctement possible, pour en mettre plein la vue, des abstractions, des notions vidées de leur sens pour maintenir en réalité une société toujours plus excluante.

J'étais avec Juliette, assis à ses côtés devant son téléviseur à Ramatuelle, cette nuit de décembre, au moment où les émeutes des Gilets jaunes battaient leur plein. Elle m'expliqua doucement ce soir-là qu'on ne pouvait pas se détourner éternellement de toute une partie de la communauté nationale sans qu'il y ait un retour de bâton. Comment peut-on vivre tranquille dans sa petite vie quand toute une partie de nos compatriotes sont condamnés de fait, parce qu'ils sont pauvres ou différents? «Tu vois, c'est pour ça aussi que je chante. L'injustice m'a toujours fait mal.»

L'injustice heurte en effet, et il faut néanmoins trouver la force de vivre dans un monde qui réduit en esclavage de la Libye à la Chine, de l'Afrique à l'Asie, pour préserver en Occident notre bien-être consumériste, qui considère la couleur de peau comme un marqueur social ou un signe patent d'une forme d'infériorité, qui a une police dont certains des membres peuvent assassiner en toute impunité, qui laisse les hommes infantiliser les femmes et les réduire au statut d'objet. Je suis pourtant né et ai grandi dans une France et une Europe qui m'ont offert la liberté de rêver en m'enseignant que les rêves des autres avaient autant de valeur que les miens, qui m'ont appris que pour rêver, justement, il ne fallait pas avoir peur, qu'il fallait oser toujours, que si tout choix était certes un renoncement, ne pas en faire c'était sombrer progressivement dans la passivité.

Juliette Gréco fut l'incarnation de cette France rêvée, dont les principaux caractères sont la liberté et la justice. Elle fut souvent aux avant-postes dans cette quête d'amour et de perfection qui faisait en elle se rencontrer le changeant et l'éternel. Car ce qui apparaît comme changeant n'est autre que l'avenir des générations qui viennent ; que dis-je, qui sont déjà là. Juliette embrassait cette France et ce monde pluriels et dissonants, pleins de contrastes, de teintes, de saveurs différentes. Elle chérissait ce monde et se tenait droite face à ses petites misères, parce qu'elle comprenait que c'était de tout cela ensemble que l'existence entière était faite. Et qu'il fallait se battre toujours contre l'ignorance, contre la bêtise, contre la méchanceté. Juliette était éclatante, passionnante, ravissante, clivante parfois aussi, mais toujours sincère. Elle était capable de détestations temporaires ou permanentes, mais sa démarche était toujours empreinte de sincérité.

J'ai été rarement aussi proche de moi-même qu'en étant aux côtés de la France incarnée, aux côtés de Juliette Gréco.

IV

Témoignage éclairant

Festival Lumière à Lyon, au sortir de l'entrée des artistes de la Halle Tony-Garnier où la pleine lune automnale peinait à luire, sous un ciel noir pourtant perlé d'étoiles blanches, trois jeunes femmes, trois élégantes, m'abordèrent timidement. Nous quittions la cérémonie de remise du prix Lumière, décerné cette année aux frères Dardenne, dont j'avais eu l'honneur durant le festival de faire la présentation de leur film magistral sur la radicalisation, *Le Jeune Ahmed*. Sous le haut patronage de Thierry Frémaux et Bertrand Tavernier, cinéastes humanistes, producteurs et productrices esthètes, acteurs et actrices nationaux et internationaux, ardents militants de la mystique du septième art, esprits critiques, en beaux costumes et belles robes de soirée, tous en partance, s'agitaient sur le tapis rouge encore imbibés de l'intelligence du propos, la formidable empathie et l'humble grandeur d'âme de ces nouveaux frères Lumière, et toute cette ambiance festive, certes réduite pour cause de pandémie, nous faisait croire néanmoins que le monde était guérissable.

Fallait-il que je fusse à ce point dans l'instant pour oublier la dangerosité du temps présent, quand l'une des trois jeunes femmes, celle d'origine maghrébine, qui m'accostèrent – en montant dans le car qui nous amenait tous pour le dîner dans un palace lyonnais –, après m'avoir affirmé être devenue juge d'instruction sous l'influence positive de mes textes et de ceux de mon épouse, m'apprit la nouvelle.

Un professeur d'histoire-géographie, Samuel Paty, venait d'être décapité en région parisienne pour avoir enseigné la liberté d'expression en se servant des caricatures de *Charlie Hebdo*, par un jeune terroriste sanguinaire se réclamant de l'islam.

Les heures et les jours suivants virent se relayer soudain en flot ininterrompu – et encore plus qu'à l'accoutumée –, sur les plateaux de chaînes de télévision en continu, certains penseurs sérieux, mais pour la plupart des farfelus autoproclamés spécialistes du radicalisme islamique et, en des termes implicites, de « l'histoire de l'humanité » (tant qu'à faire).

Ces experts télévisuels et radiophoniques récurrents, qui profitaient du moment pour orienter le débat du côté de leurs propres peurs et de leurs obsessions, semblaient prendre la France, sous le coup d'une émotion légitime, politiquement et psychologiquement en otage. Ces génies du vide de la pensée se vantèrent bientôt d'avoir trouvé les véritables responsables de la mort de l'enseignant. Il s'agissait de toute la gauche française, de tel journaliste, de tel intellectuel, de tel historien, de l'Observatoire de la laïcité, de la Ligue des droits de l'homme, de la Ligue de l'enseignement, de l'Union nationale des étudiants de France, etc. Bref, de tout individu, toute organisation, toute pensée complexe qui voulaient établir le fait que tous les musulmans ne pouvaient être des partisans de la radicalisation, du séparatisme et du terrorisme islamique. On allait bientôt entendre un ministre d'État se dire choqué par les rayons halal dans les supermarchés, tel autre ministre évoquant le concept de «complicité intellectuelle du terrorisme», l'appliquant aux intellectuels et aux universitaires présumés souscrire à la fameuse pensée dite *islamo-gauchiste* faisant désormais du tout-venant éprouvant un tant soit peu d'empathie à l'égard des musulmans – ou admettant dans l'espace public la présence de femmes voilées – un apôtre manifeste de l'idéologie djihado-salafiste.

Dans cette ambiance de prélude à la guerre civile, dans le train en direction de Paris qui quittait les quais de la gare de Lyon Part-Dieu, je regardais les rails en ligne droite et ligne arabesque et me demandais, le visage masqué et le front posé sur la vitre froide, quelle était la raison profonde de ce détestable mal qui ne cessait de nous fractionner et de nous décomposer en tant que peuple ?

« Le domaine de ce qui est éternel, universel, inconditionné, est autre que celui des conditions de fait, et il y habite des notions différentes qui sont liées à la partie la plus secrète de l'âme humaine. »

(*L'Enracinement*, Simone Weil)

C'est l'âge d'or du témoignage, semble-t-il, que nous sommes en train de vivre. Toutes les paroles se valent et le sens réel des mots n'a plus vraiment d'importance. Tout le monde s'accorde sur l'emploi que les médias en font, sans se soucier ni de leur justesse ni du détournement ou de la précision qu'ils peuvent apporter à la compréhension profonde d'une pensée. L'amour que j'éprouve néanmoins pour la forme littéraire et poétique du témoignage me vient de celui qui a été mon maître spirituel durant près de vingt ans, Sidi Hamza al Qâdiri al Boutchich, le père de mon guide actuel Sidi Jamal al Qâdiri al Boutchich.

J'ai vu pour la première fois Sidi Hamza en 2000, lorsque je me suis rendu en tant qu'aspirant disciple à Madagh, petit village dans la province de Berkane, dans l'Oriental marocain, où était né, en 1922, et résidait l'honorable maître. Au bénéfice d'un événement fortuit, j'ai pu le rencontrer dans un comité réduit à une cinquantaine de personnes, puis par le fait d'un autre concours de circonstances, j'ai pu boire un thé en sa compagnie auprès d'un comité réduit cette fois à sept personnes, lui inclus.

C'est lors de cet épisode que Sidi Hamza a évoqué le témoignage au sujet de l'expérience vécue comme moyen de se connecter à tous. Étant donné que « lorsque se découvre le secret d'un seul atome se découvre aussi le secret de toutes choses », a-t-il ajouté. J'ai acquiescé, n'étant pourtant pas bien sûr de comprendre. Nourri à un islam de banlieue, qu'on qualifiait déjà de banlieue de l'islam, mes préoccupations tournaient plus autour de la géopolitique que de la métaphysique. Ainsi, la politique, dans mon jeune esprit déviant, se confondait allègrement avec la chose spirituelle. Étant cependant dans une quête spirituelle authentique, je sentis dans ma chair que l'allusion de Sidi Hamza était en réalité un remède à mon attention, et celui-ci fut immédiatement agissant.

Lors d'une autre discussion, quelques mois plus tard, en comité encore plus restreint, je l'entendis citer le verset du Coran suivant : « Dieu ne modifie point l'état d'un peuple tant que les hommes qui le composent n'auront pas modifié ce qui est en eux-mêmes », puis dire à mon adresse que l'amour était la couronne des actes et que chacun se devait d'être un atout pour le pays dans lequel il vivait. Aussitôt, je pensais en moi-même : « Une politique sincèrement volontariste et coordonnée de tous les États européens, par exemple, permettrait également sans aucun doute le changement. » Ce à quoi Sidi Hamza a répliqué immédiatement, comme s'il avait entendu ma pensée : « La politique sépare les êtres, alors que nous travaillons à les rassembler, dans le respect des différences de chacun. Ici, dans cette Voie, pas de politique, seul l'amour pour Dieu, pour son Prophète et pour tous les êtres prédomine. »

Ces deux sagesses qu'énonça Sidi Hamza bouleversèrent à jamais mon existence. Après avoir été de treize à vingt-cinq ans membre d'un groupe (les N.A.P.) de rap conscient, c'est-à-dire politique et plus ou moins musulman, je venais d'entamer une carrière solo et, terrorisé à l'idée de devoir affronter l'industrie, le milieu et les médias seul, j'étais convaincu que le militantisme franchement politique à la Assassin, Public Enemy ou Ice Cube était la seule voie possible d'épanouissement artistique pour tout rappeur sincère et sérieux. Dès lors, j'arrivais à me voir comme un authentique M.C., soit un porte-voix des habitants des quartiers populaires et par extension de toutes celles et ceux que l'Occident opprime. Ma mentalité ressemblait à celle d'un enfant-soldat repenti qui cherchait à vivre normalement, mais dont les horreurs accomplies et subies empêchaient les pensées et les actes de totalement se dépouiller de réflexes hérités de son ancienne vie. Il m'a tout de suite semblé évident que l'éducation qu'allait me donner Sidi Hamza m'obligerait à me voir tel que j'étais vraiment, et non point à laisser prospérer cet amalgame de haine, de peur, de douleur, de colère et de rancune qui prétendait être moi. Le témoignage, et qu'importe la forme qu'on lui donne, faisait partie de ce processus.

Il y avait aussi le problème de la rue, la cité où j'avais grandi, et les quartiers populaires en général. À partir de mes six ans, les miens et moi-même ne connûmes plus réellement d'autres environnements. Une des composantes essentielles de ce cadre si particulier était la mentalité. Et, bien que tracée plus grossièrement, cette mentalité matérialiste, égoïste et violente était en tout point identique à celle prédominant dans le reste de la société. Ce qu'il y avait pourtant de singulier dans cette variante, disons populaire, c'est que subsistait néanmoins en elle un caractère solidaire important, issu de l'islam, des traditions africaines et du folklore rural français, qui pour des raisons sociohistoriques connues résonnaient toujours en toile de fond.

Sidi Hamza, âgé de trente-trois ans à la mort de son propre maître en 1955, avait reçu de lui en même temps que son père, Sidi Al Hajj Abbas, disciple du même guide, l'héritage du *secret spirituel* et l'autorisation d'enseigner. Mais, par courtoisie, il refusa de préexister avant son père comme maître de la Voie et se justifia en ces termes, devenus célèbres auprès des initiés :

«La barbe noire ne devance pas la barbe blanche.» Le *secret spirituel* – sorte d'influx indescriptible par le langage usuel, d'où le qualificatif de «secret» – fut véhiculé, depuis le Prophète de l'islam, de maître spirituel en maître spirituel jusqu'à nos jours, garantissant la véracité et l'authenticité d'une transmission que les soufis qualifient de *cœur à cœur*. Autrement dit, afin d'être reconnue comme authentique, chaque voie soufie doit s'inscrire dans une chaîne ininterrompue de maîtres spirituels, chacun dépositaire de ce «secret», jusqu'au Prophète, et à travers lui toute la chaîne des saints et des prophètes l'ayant précédé.

Sidi Hamza était encore dans la force de l'âge physique lorsque survint le décès de son père. Et, à tout juste cinquante ans, il devenait officiellement le guide spirituel de la confrérie soufie Qadiriyya Boutchichiyya. Dès lors, il paracheva le virage entamé par ses deux prédécesseurs en établissant une pratique spirituelle moins contraignante que celle des soufis du passé, basée principalement sur la répétition de la formule de l'unicité divine : «Il n'y a pas d'autres réalités que La Réalité.» Dieu étant entendu comme la réalité essentielle de toutes choses. Cette modification méthodologique au sein du soufisme sunnite classique fut désignée comme la transition d'une voie de majesté à une voie de beauté.

Ainsi, moi le rappeur musulman politisé de banlieue chaude, j'allais, dès 1999, m'atteler à suivre l'enseignement ancestral réactualisé du grand maître soufi marocain Sidi Hamza, et témoigner de la métamorphose progressive qui allait se faire en moi.

Je me souviens que, moins d'un an avant ma rencontre avec le maître, je fréquentais encore assidûment la mosquée de ma cité, située dans l'immeuble en face du mien, au rez-de-chaussée, qui m'avait vu évoluer de chercheur de vérité aux racines catholiques – doutant sur à peu près tout – à prêcheur prosélyte tendance *fériste* avec des convictions arrêtées sur à peu près tout, pour finir en musulman hébété faisant *genre* mais tout à fait perdu en vérité. J'étais revenu d'une agitation qui ne m'avait mené nulle part, sans cesse titillé par cet esprit critique qui avait été le fondement de mon éducation républicaine et qui m'empêchait de sombrer totalement dans ce qu'on appelle couramment *islamisme*. Et cette idée qui prévalait auprès de nombreux parmi ceux que j'appelais, à l'époque, *frères*, et qui voulaient que l'islam soit objectivement le seul chemin possible, m'avait toujours plus ou moins laissé sceptique, mais ne pouvait définitivement plus emporter même une infime partie de mon adhésion ce jour où je me suis retrouvé, entre deux prières, seul et assis en tailleur, dans ce petit appartement-mosquée, à lire en boucle et en français le verset coranique suivant :

> «À chacun de vous Nous avons donné une Loi et une Voie. Si Dieu l'avait voulu, Il aurait fait de vous une seule communauté, mais Il a voulu vous éprouver par ce qu'Il vous a donné. Surpassez-vous en bonnes actions. C'est à Dieu que tous vous retournerez et Il vous éclairera sur l'objet de vos différends.»
>
> (Coran 5,48)

Bien sûr, n'étant pas un parfait arabophone, je ne pouvais comprendre que de manière biaisée et parcellaire ce verset, et le Coran dans son entièreté, tant parce qu'une traduction toujours oriente qu'en raison du caractère polysémique intrinsèque de la langue arabe, néanmoins ce que je lisais là dans ma langue maternelle me disait deux choses absolument fondamentales. D'abord, ce passage de la première à la troisième personne en ce qui concerne la Divinité me donnait l'intuition d'un formidable cheminement au sein même de l'Identité Suprême. Ensuite, et surtout – dans cette vision si terre à terre que mes *frères* et moi-même nous faisions de la religion –, que si la Divinité n'avait envoyé qu'une seule et même religion à des femmes et des hommes si différents individuellement et collectivement à travers le monde et les âges, celle-ci, pour des raisons évidentes, n'aurait pu être une référence équitable. Il a donc envoyé multiples religions totalement adaptées aux nécessités et aux particularités de tous les départements de l'humaine condition. Il me semblait voir scintiller une petite lueur au bout du couloir obscur que j'arpentais avec une pointe, feinte, de nonchalance depuis que j'avais quitté le catholicisme de mes parents. De plus, en écho, j'entendais résonner cette tradition divine que j'avais lue et ouïe tant de fois, rapportée par Muslim[1], où Dieu s'exprimant par la bouche du Prophète disait en substance qu'Il s'était interdit l'injustice à Lui-Même et qu'Il nous l'avait également rendue illicite.

Sans doute résonnaient à nouveau en moi toutes ces considérations, quand dans ce grand salon dans l'Oriental marocain j'écoutais, moi le petit gars de cité, s'exprimer, en toute simplicité et avec une douceur absolument déconcertante, la figure spirituelle la plus importante du royaume chérifien au sujet de l'invocation, de la mémoration divine, comme moyen d'accéder à son vrai Moi.

Sidi Hamza parla avec une telle éloquence de ce sentiment de la Présence de Celui qui s'est dit «plus proche de l'homme que sa carotide» (Coran I, 16), et de la Voie qui mène à Lui, que j'en fus absolument chamboulé. C'est ainsi

---

1. Muslim, né au IXe siècle, est l'auteur arabe du second des deux recueils de référence de la tradition musulmane : le *Sahih Muslim.*

que je devins l'un de ses nombreux disciples, cheminant chaque jour sur la Voie, témoignant dans ma musique, ma poésie, ma littérature, mon cinéma, mon théâtre et ma vie de cette expérience concrète de l'Amour, qui me faisait prendre conscience que, bien plus qu'éprouver un simple sentiment, aimer était la capacité de se donner puis de donner du sens, faire du lien avec tous les êtres vivants et travailler à la cohésion sociale et citoyenne toujours, en luttant sans relâche contre la haine, l'ignorance et toutes les formes de discorde.

Je ne me souviens pas comment et quand j'ai parlé pour la première fois à Sidi Hamza de ce que je faisais, de mon métier d'artiste, ni par quel moyen (une parole ? un regard ? une attitude ?) il m'a inspiré cette ardente passion que j'allais éprouver pour mon pays, la France, ses valeurs et ses institutions, mais je me souviens l'avoir entendu à plusieurs reprises exprimer son respect pour le général de Gaulle et me dire – un matin où, retournant en France, je lui disais au revoir après qu'il m'a fait en riant joyeusement un salut militaire – « De la foi réelle et positive naît le véritable patriotisme ».

C'est de cette manière, exactement, que le grand maître me procura son éducation. Pendant presque vingt ans, il me prit par la main et me fit cheminer sur la Voie vers l'expérience vécue de la perpétuelle Présence divine, actualisant pour moi en cela le célèbre dit prophétique, « Adore Dieu comme si tu Le voyais, car si toi tu ne Le vois pas, Lui te voit ». Adorer Dieu, avec la lucidité d'être en sa proximité. C'est Le contempler en somme avec la sensation de Son Regard toujours porté sur ta personne. C'est ainsi que Sidi Hamza m'a fait comprendre que la rigueur, la discipline, de la prière et tous les actes d'adoration, n'avaient pour seule et unique fonction que de nous faire prendre conscience que nous tous, collectivement et individuellement, qu'importe notre sexe, notre couleur de peau, notre religion, notre croyance ou notre incroyance, faisions bien partie de la Seule et Unique Réalité Divine. Dit autrement, la prière authentique travaille progressivement notre être jusqu'à ce que celui-ci se change lui-même proprement en prière, se confondant avec cette invocation, cette mémoration divine, devenue, finalement, sa nature véritable.

Comme Pascal, j'allais me rendre compte dans ce périple intérieur que « l'homme dépasse infiniment l'homme ».

Bien sûr, j'allais aussi me réveiller, chaque matin, toujours plus horrifié que la veille, en apprenant les meurtres, les assassinats, les actes terroristes commis et revendiqués par des fous furieux se réclamant faussement de l'islam.

Bien sûr, j'allais entendre et comprendre les amalgames et les confusions de celles et ceux qui ne connaissent de l'islam et des musulman.e.s que ce qu'en disent BFM, les polémistes, les gens d'extrême droite et les pseudo-spécialistes qui ont leur rond de serviette sur tous les plateaux de télévision.

Bien sûr, j'allais être blessé par ceux qui, se trompant de cible, allaient violemment me reprocher d'avoir écrit mon ouvrage *Place de la République : Pour une spiritualité laïque*, paru chez Indigène, les éditeurs de Stéphane Hessel, comme si je n'y faisais pas l'apologie de l'empathie, de l'intelligence et de la complexité.

Comme si je n'avais pas suffisamment prouvé – depuis toutes ces années que je suis une personnalité publique – mon attachement absolu à la non-violence, mon amour pour mon peuple, pour mon pays, pour toutes ses valeurs et pour toutes ses institutions, et en premier lieu l'Éducation nationale et tou.te.s les enseignant.e.s, qui ont fait de moi l'homme que je suis.

Comme si je n'étais pas né en France et que je n'avais pas grandi avec « Récré A2 » dans les années 1980, avec dans mon panthéon personnel et, donc, générationnel la figure de Cabu – que j'ai salué comme une midinette la seule fois où je l'ai rencontré dans les bureaux d'un célèbre éditeur parisien, alors que l'affaire des caricatures faisait déjà grand bruit.

Comme si mon propre cousin n'était pas mort dans un attentat (celui du DC 10 d'UTA le 19 septembre 1989).

Comme si je n'avais pas cessé de combattre dans mes différentes œuvres artistiques le concept même d'islam politique, qui en tout point de vue, au XXIe siècle, est une aberrante hérésie.

Je me battrais toujours pour la liberté d'expression et ne m'opposerais jamais à celles et ceux qui usent de leur droit de blasphémer, car cela aussi, dans notre pays, fait partie de la liberté, le droit légitime qu'ont toutes les voix de se faire entendre, même celles qui ne nous plaisent pas, à partir du moment où elles ne contreviennent pas aux lois de la République. Le bon sens, la raison et la justice doivent ensemble prévaloir, être nos boussoles collectives dans une République qui exige de chacun d'entre nous une adhésion sans réserve, mais jamais sans intelligence ni empathie. Et si je me suis, d'une manière ou d'une autre, mal exprimé, et si j'ai pu blesser certaines, certains, d'entre vous, je vous demande de m'excuser et de ne pas me considérer comme si *in fine* les actes ne parlaient pas toujours plus fort que les mots.

J'ai commencé à mener ouvertement ce combat et à témoigner pour la France et l'Europe du XXIe siècle dès 2004 à la sortie de mon premier album solo, *Le face-à-face des cœurs*, et de mon premier livre, *Qu'Allah bénisse la France!*. Puis je n'ai plus jamais cessé – si on ne compte pas les fois où j'en ai eu assez de montrer patte blanche, de me justifier sur des évidences ou d'être infantilisé, et qu'alors, quoique brièvement, j'aie été tenté de battre en retraite.

Être le disciple d'une des plus grandes familles spirituelles du monde musulman actuel ne fait pas de moi un être accompli, loin de là ; je demeure en même temps un bourreau de travail souvent un peu autiste, un père de famille désinvolte n'accordant sans doute pas suffisamment assez d'attention aux membres de sa famille proche et aux problèmes domestiques, un éternel insatisfait, un solitaire patenté. Toutes ces considérations bataillaient dans ma poitrine et, si je prends le temps de m'arrêter sur mon cas, ce n'est pas tant que je me considère comme exceptionnel, mais que je désire simplement souligner cette idée qui veut que, selon les soufis, chaque femme et chaque homme soient le théâtre d'un combat, de ce *jihad* intérieur, qui voit s'affronter au quotidien, dans nos poitrines, l'âme charnelle – qui ne cesse de se débattre toujours tournée sur elle-même et attirée finalement par le seul plaisir égoïste – contre l'esprit supérieur – magnifiant à chaque instant la beauté et l'unité essentielle de tous les êtres –, aimanté vers le monde spirituel.

Un des mystères de la Voie soufie, la mystique musulmane, est la manifestation de l'Amour. Celle-ci n'est pas simplement affective, nous le disions déjà plus haut : c'est une énergie hors du commun qui, comme la passion amoureuse, submerge puis accapare totalement celle ou celui qui l'éprouve en lui faisant ressentir au dedans, dans chaque cellule de son être, que tout est UN et que nous sommes tous, les uns les autres, fondamentalement liés. Sidi Hamza affirmait que nous étions tous issus de la même lumière.

Comment donc pourrais-je ne pas comprendre dans ma chair le récit mythique de la France légendaire ? Comment pourrais-je me laisser duper par les dévotions extérieures et les vicissitudes ordinaires résultant de la simple affectivité humaine ? La réponse se trouve tout entière dans cette parole rédigée par saint Augustin au terme de son propre cheminement : « Ne t'en va pas au dehors, rentre en toi-même ; au cœur de la créature habite la Vérité. » Comme en écho à cette parole de Dieu s'exprimant à travers la bouche du Prophète de l'islam : « Ni Ma terre ni Mon ciel ne peuvent

Me contenir, mais le cœur de Mon serviteur pieux Me contient tout entier. »

J'ai souvent entendu Sidi Hamza dire que la science qu'il enseignait ne s'apprenait pas dans les livres, qu'il s'agissait de la science du goût, et que cette connaissance n'était accessible que par expérience vécue. Penser le contraire était comme croire que la saveur du miel pouvait se connaître par ce qu'en disent théoriquement tels livres ou tels professeurs, sans en avoir jamais soi-même goûté. Il était facile, disait encore en substance mon maître, de rassembler des livres, de les mémoriser à la perfection, et de dire ensuite : « Je sais ! » N'importe qui pouvait faire cela, mais le vrai savoir est un océan sans rivage, et celui-ci ne peut s'appréhender par la simple mémorisation. Néanmoins, si ce miel que m'a fait goûter progressivement, de cœur à cœur, Sidi Hamza – par le biais d'un enseignement providentiellement repris par son fils, Sidi Jamal, à sa disparition en 2017 – élève chaque jour mon esprit, celui-ci éclaire aussi à chaque instant ma raison.

Pour parler de cette vision folle qui téléguide ces assassins se réclamant faussement de la religion de l'islam, j'ai toujours trouvé le terme *islamisme* inapproprié, car c'est leur faire trop d'honneur que de leur attribuer une quelconque proximité, même linguistique, avec l'islam. Et puis, jusqu'au début du XXe siècle, le mot *islamisme* était tout simplement synonyme du mot *islam*. Je préfère associer à cette aberration intellectuelle le terme de *fanatisme*. En outre *intégrisme* et *fondamentalisme* – deux termes liés au catholicisme pour le premier et au protestantisme pour le second – soulignent eux des réalités appartenant spécifiquement aux cultures chrétiennes. Le premier terme désigne les adeptes d'un catholicisme intégral refusant absolument la modernité, et le second une branche du protestantisme revendiquant une approche littérale du texte biblique. D'ailleurs, aucun mouvement ne se réclame de l'*islamisme* ; et cette nuance par rapport au terme *islam*, popularisée par les médias et certains intellectuels français, n'existe absolument pas dans la langue arabe.

Le fanatisme, cette bêtise vile, a un caractère universel bien présent, lui, au sein même de toutes ces folies organisées ; non pas qu'il désigne à proprement parler ces mouvements, mais qualifie plutôt, presque toujours, les attitudes et les comportements de celles et ceux qui les composent. Bien plus qu'une simple maladie mentale, le fanatisme procède d'une certaine variation d'un rationalisme absolu où ce n'est pas tant l'excès de religion qui est en question, mais bien l'absence de Dieu, en réalité. Le fanatisme, au fond, est donc d'abord une déviance spirituelle où une soi-disant raison, et par extension sa propre raison personnelle, est érigée au rang de divinité. Au fond, le fanatisme est une idolâtrie. Il est donc aisé de comprendre pourquoi, en islam, une telle attitude est réprouvée. Nous pouvons certes lutter en légiférant contre les manifestations de cette idolâtrie que sont la radicalisation et le terrorisme, mais les résultats ne pourront en être que limités tant que cette maladie s'enracinera dans les cœurs, comme l'atteste cette parole traditionnelle du Prophète de l'islam : « Il y a dans le corps une partie qui, si elle est bonne, tout le corps le sera, et si elle est corrompue, tout le corps le sera également. Cette partie, c'est le cœur. »

En islam, les grands maîtres du soufisme sont également appelés les médecins du cœur parce qu'ils révèlent à leurs disciples, dans l'intimité de leurs liens, les maladies de leurs âmes et, en les introduisant au souvenir constant de Dieu, la mémoration, leur donnent le remède pour les purifier. Lorsque l'âme est effectivement purifiée, elle est souvent comparée par les contemplatifs à la Vierge Marie elle-même. Ce n'est pas autre chose que dit le grand poète mystique persan, maître fondateur de la célèbre confrérie des derviches tourneurs, Rûmî.

> «Lorsque la Parole de Dieu pénètre dans le cœur de quelqu'un et que l'inspiration divine emplit son cœur et son âme, sa nature est telle qu'alors est produit en lui un enfant spirituel ayant le souffle de Jésus qui ressuscite les morts.
>
> L'appel de Dieu, qu'il soit voilé ou non, octroie ce qu'il a octroyé à Marie. Ô vous qui êtes corrompus par la mort à l'intérieur de votre peau, revenez de la non-existence à la voix de l'Ami ! En vérité, cette voix est celle du Roi, bien qu'elle sorte du gosier de son serviteur. Dieu lui a dit : "Je suis ta langue et tes yeux ; Je suis tes sens, Je suis ton contentement et ton courroux. Va, car tu es celui dont Dieu a

> dit : Par Moi il entend et par Moi il voit : tu es la conscience divine…
>
> Puisque tu es devenu par ton émerveillement 'celui qui appartient à Dieu', Je suis à toi, car 'Dieu lui appartiendra'. Parfois, Je te dis : 'C'est toi'; parfois 'C'est Moi'. Quoi que Je dise, Je suis le Soleil illuminant toutes choses." »
>
> (*Mathnawi*, Rûmî)

Moi qui, venant de la rue où même lorsque j'embrassais l'islam, ne m'étais pas dessaisi de cette mentalité tout entière basée sur la politique, l'avoir et la matière, plutôt que sur la réconciliation, l'être et l'esprit, je comprenais en suivant l'enseignement de Sidi Hamza, et même peut-être encore un peu plus aujourd'hui sous la guidance de son fils Sidi Jamal – dans le monde du coronavirus, des autocrates, des confrontations ethniques, de la crise écologique, économique et sociale et de la remontée généralisée des pires archaïsmes –, la nécessité vitale d'un engagement total dans la spiritualité. Je mesure plus que jamais la chance providentielle d'appartenir à une voie spirituelle authentique. Celle-ci qui, en ne niant jamais la raison ainsi que l'esprit critique, me fait prendre conscience chaque jour un peu plus que raison et esprit critique, précisément, doivent toujours être considérés comme des moyens qui, dans le cadre d'une éducation religieuse et spirituelle orthodoxe, participent à nous donner l'opportunité d'un engagement et d'une réalisation pleins et entiers dans ce début de siècle insensé au fort accent de fin du monde. Parce qu'on sait tous, à présent, depuis l'épiphanie collective du premier confinement, que cette fameuse idée libérale du village-monde est finalement absolument mortifère.

Il nous faut apprendre, à nouveau, à prendre la religion au sérieux. C'est une pensée complexe à la fois rationnelle et suprarationnelle. Bien sûr, celle-ci peut tenir pour une part de l'identité reçue ; mais elle s'inscrit d'abord et avant tout dans le cadre d'une métaphysique.

La religion n'a pas, ou si peu, de sens véritable hors de sa compréhension ésotérique. C'est par cet aspect, et cet aspect seulement, que les religions tendent vraiment à l'universel et manifestent cette idée qui veut que tout ce qui s'élève converge.

V

On s'ra jamais des cainris

«Que leur reste-t-il puisqu'ils obéissent? Il leur reste l'opinion!» nous dit Alain. On vit dans une société qui revendique en permanence l'universel, l'importance et la richesse de la diversité, mais qui dans les faits ne met essentiellement l'accent que sur ce qui nous sépare. C'est ce monstrueux paradoxe qui me fait citer celui qui produisit un impact considérable sur ceux – comme Simone Weil ou Julien Gracq, pour ne citer qu'eux – qui furent ses remarquables élèves au lycée Henri-IV.

La poésie, sous forme de *rap*, et le cinéma, comme littérature sur grand écran ou en *streaming*, sont aujourd'hui pour moi les moyens les plus complets pour exprimer avec force dans nos sociétés cette « opinion ». Ces formes nouvelles de poésie et de littérature sont, dans un monde où tout est systématiquement changé en marchandise, les derniers bastions de résistance grand public face à l'idée tyrannique de la culture comme divertissement.

La question du combat par la littérature en image et la poésie en musique s'est toujours posée pour moi, car j'ai très tôt mis instinctivement en lien et été bouleversé simultanément aussi bien par Césaire, Spike Lee et Public Enemy que Camus, les frères Cohen et De La Soul ou Céline, Scorsese et Mobb Deep, ou encore Hugo, Coppola et Dr Dre. Mais aussi nourri avant l'heure et tout naturellement par des philosophes et des rappeurs tels que Sénèque et Big Daddy Kane, Épictète et Ice Cube, saint Augustin et Rakim, et plus tard Deleuze et Nas, Derrida et André 3000, Debray et Jay-Z, Althusser et Kanye West. Dans tous les cas, ce sont les côtés initiatiques et déconstructionnistes qui ont, je crois, toujours guidé mes choix. Et parce que ces méthodologies de l'esprit et de la raison se révèlent toujours forcément dans un décalage chronologique, c'est bien aujourd'hui – à l'heure de toutes les radicalisations, du pic du règne de la quantité et de la pensée binaire et du hip-hop comme pivot de la *pop culture* – qu'elles doivent prendre pleinement leurs fonctions salvatrices.

C'est ainsi que ma démarche en tant que poète – et pas que *rapologiquement* parlant – consiste à jouer à déconstruire la syntaxe, à fondre les sujets pour suggérer l'idée d'universalité. La fonction principale de cette démarche, qui est esthétique, est de symboliser l'universel en travaillant à faire des connexions inédites, en associant dans la forme ce qui ne l'est pas habituellement, et créer ainsi de l'harmonie là où la plupart ne voient que dissonance. L'idée de départ étant de faire du rappeur que je suis, dans mon cheminement, simplement un artiste, comme sur un autre plan du « mec de cité » un citoyen, ou du Noir que je suis aussi, à l'évidence, un être humain.

Après m'être longtemps questionné sur la spiritualité et le rôle qu'y joue la prise de parole artistique comme moyen de décrypter et d'agir sur le monde, j'ai d'abord décidé, lors du premier confinement, en me conformant ainsi au conseil de Sidi Jamal de profiter de ce moment pour faire de nos habitations des lieux de recueillement, de faire désormais du reste de ma vie une pure et simple méditation. Je n'ai de cesse de me demander depuis : qu'est-ce qui constitue la réalité d'une vie de l'esprit dans un monde et des sociétés basés sur le paradoxe, le mensonge, l'hypocrisie et l'appât perpétuel du gain ? J'en suis venu à me dire, lors du deuxième confinement, lorsqu'on s'est mis à parler et à considérer en haut lieu les livres, la musique, le théâtre et le cinéma comme des « produits non essentiels », que la spiritualité, que l'idée même de spiritualité ne tenait sa réalité que par le transport qu'en faisaient quotidiennement ces objets et modes d'expressions artistiques, en la rendant audible au sein même de notre civilisation occidentale.

Je réalisais progressivement qu'écouter simplement ou voir des artistes articuler les choses de l'esprit ne suffisait pas, si elles n'étaient pas entendues et vues avec l'œil du cœur. Et il fallait, pour cela, un rapport vivant d'attention et de bonne volonté, comme précisément un guide les trouve chez un disciple sincère. Je comprenais aussi chaque fois que je fermais les yeux – pendant des heures, chapelet à la main, assis en tailleur sur un tapis dans une ville de Paris rendue muette par la pandémie jusqu'au surgissement quotidien, chaque soir à 20 heures, des applaudissements-hommages en direction des soignants et de tout le personnel hospitalier – que l'autre réel de la spiritualité se trouvait dans le travail sur soi. Autrement dit, la spiritualité ne pouvait trouver sa réalité pleine et complète qu'en faisant l'objet d'une pratique régulière, constante et consciencieuse.

Au début des années 1990, lorsque le hip-hop a pris une place importante dans mon existence, tenant compte de ce qui se passait dans ma cité et dans les quartiers populaires en général, et dans le monde, j'avais l'intime conviction que je devais et que je voulais agir. Les rappeurs américains qui étaient au sommet à cette époque – les Big Daddy Kane, Rakim, Chuck D, KRS-One ou Ice Cube – étaient toujours la combinaison d'une action sociale et d'une volonté spirituelle. Ils ne sacrifiaient jamais cette *praxis* à la flamboyance bien réelle mais toute extérieure de leur style. Et pour ma part, c'était précisément cela, être hip-hop. C'est donc vers cette direction que j'ai voulu tendre dès que je me suis mis moi-même à rapper. Mais la raison pour laquelle je souhaitais la reconnaissance, que j'allais obtenir finalement, n'était pas tant la conscience ou la positivité de mes textes – qui était pour moi la condition *sine qua non* –, mais bien mon originalité et ma capacité à faire de la bonne musique en associant de manière *fraîche* le nouveau et l'ancien; en magnifiant ainsi l'idée de transmission et, surtout, d'incarnation d'un certain génie français qui n'aurait pas peur et ne renierait pas les vêtements de l'époque.

Le hip-hop est cyclique. Il fonctionne par phase et par tendance. Et bien que celles-ci puissent être initiées avec une intention positive et artistique, il en résulte chaque fois une déviation causée par une vision du monde toujours plus matérialiste, toujours plus tournée vers le profit financier et le bien-être corporel. Cette propension n'est pas exclusive au hip-hop, mais à la différence de l'époque où je prenais pour la première fois le microphone, il y a un peu plus de trente ans, cette culture est aujourd'hui la plus puissante et la plus influente au monde. Dans une société aussi violente que communautariste, racialiste et puritaine que les États-Unis, la terre mère et la capitale mondiale du hip-hop et du rap, tous ces questionnements sur cette forme artistique intimement liée aux Africains-Américains et devenue le cœur battant de la *pop culture* prennent une dimension apocalyptique, au sens à la fois étymologique et millénariste du terme. Après tout, le rappeur le plus riche, le plus en vue et le plus respecté au monde (Jay-Z) ne se fait-il pas appeler Hov – abréviation de JeHova ? Et le rappeur le plus célèbre, au monde lui aussi, et le plus controversé (Kanye West) – adoubé par Lou Reed et Rick Rubin comme une icône rock – n'a-t-il pas intitulé l'un de ses albums *Yeezus* ? Et ne se présente-t-il pas désormais volontiers comme un rappeur chrétien, n'hésitant pas à se mettre en scène chantant le gospel et marchant sur l'eau ?

James Baldwin a dit un jour que la communauté noire américaine était la conscience de ce pays-monde. Je me souviens, lors de la manifestation organisée par le Comité Adama en hommage à George Floyd et Adama Traoré devant le tribunal de grande instance de Paris, avoir pensé que, s'il n'y avait pas eu cette vidéo montrant le martyre de Floyd, si ce fait divers américain – qui faisait aussi symboliquement l'état des lieux des démocraties occidentales – n'avait pas été relayé par Puff Daddy, Beyoncé, Lebron James ou Oprah Winfrey, et si la France ne se cachait même plus d'agir en province des États-Unis ; et si nous n'étions pas tous déjà devenus des *gallo-ricains*, comme ne cesse de nous le démontrer Régis Debray depuis quelques années dans sa formidable série de livres testaments, cette foule autour de moi n'aurait pas été si nombreuse, si jeune et si bigarrée pour défendre l'idée qu'en France la peine de mort avait été abolie, et qu'on ne pouvait enlever (ou être soupçonné d'avoir enlevé) la vie à un être humain sans en répondre devant la justice. Et qu'importe si la victime était par ailleurs lui-même un dangereux criminel ou un parfait innocent. Je me disais aussi que s'il nous restait une once de dignité et de patriotisme, c'est toute la France qui aurait dû être à nos côtés pour défendre cette idée et rendre son honneur à notre pays, le pays des Droits de l'homme, au lieu de se demander hypocritement si lier le destin de George Floyd à celui d'Adama Traoré n'était pas simple mimétisme lorsque nous étions déjà collectivement, en tant que Français et Européens, dans bien des domaines, et depuis un certain temps, des sous-produits anglo-saxons. Dans un monde où ce que nous appelions culture universelle (ou *pop culture*, au choix) était dans les faits la culture nord-américaine, la communauté noire n'était plus seulement la conscience et l'âme des États-Unis, mais en voie de devenir celle du monde entier.

Une autre anecdote sur l'*americana modus operandi*. L'hiver 2005, un hiver particulièrement glacial, j'avais décidé sur un coup de tête de me rendre pour la première fois seul à New York. Je m'étais mis en tête de débuter l'écriture d'un grand roman social sur la culture hip-hop. J'étais parti pour un mois, et finalement, après avoir souffert non-stop pendant une quinzaine de jours dans un hôtel miteux de Manhattan d'un froid glaçant au premier degré, je décidai de revenir en France. Mais non sans m'être gavé de Hot 97 (la célèbre radio hip-hop de la ville), de BET (*Black Entertainment Television*), de magazines hip-hop (*XXL*, *The Source*, *Vibe...*), de *Snapple Juice*, de divers bonbons gélatineux de toutes les couleurs de l'arc-en-ciel, garantis cent pour cent naturels, et avoir acheté compulsivement du RocaWear, du Sean John et le premier album de Young Jeezy en CD et en vinyle, en lot de trois, au feu Virgin Megastore de Manhattan.

En fait, c'est après m'être retrouvé à vomir à 2 heures du matin le dîner que j'avais pris comme chaque soir, seul, dans l'équivalent casher d'un *Brooklyn Diner* à Brooklyn précisément, que je compris que je n'arriverais pas à écrire la moindre ligne et qu'il me fallait rentrer à Paris. À l'aéroport JFK, c'est là où je voulais en venir, je m'étais acheté un magazine, je ne sais plus si c'était *Life* ou *The New Yorker*, dans lequel un article traitant du *film noir* m'avait particulièrement parlé. Il disait en substance qu'en 1933 Goebbels, le ministre de la Propagande du parti nazi, avait convoqué dans son bureau le célèbre réalisateur viennois Fritz Lang pour lui annoncer que son film policier *Le Testament du docteur Mabuse*, tourné la même année, était passé sous les fourches caudines de la censure et allait être interdit de diffusion. Mais qu'en raison de son talent évident, les nazis souhaitaient lui proposer de diriger les studios de cinéma du parti. La nuit même, après avoir reçu cette proposition, Lang, qui était d'origine juive, s'envola pour Paris. À peine quelques années plus tard, il dirigeait le drame policier hollywoodien *Fury*, le premier des nombreux films qu'il ferait pour les studios américains. Il allait, dans la foulée, avec des réalisateurs comme Billy Wilder et Alfred Hitchcock pour ne citer qu'eux, apporter l'influence théâtrale et stylisée de l'expressionnisme allemand au cinéma américain et le fusionner à la *pulp fiction*, genre qui était devenu très populaire entre les deux guerres.

Au même titre que le jazz, le blues et les spectacles musicaux de Broadway, le *film noir* sut devenir une forme artistique typiquement américaine en incorporant, en transformant et en faisant siennes des influences étrangères. Et, toujours, à l'exemple de ces différents genres artistiques, il fut lui aussi au départ souvent considéré comme mineur – avec ses stars sans envergure et ses petits budgets, n'atteignant qu'une audience réduite. Mais c'est le *film noir* qui donna une carrière aux futures icônes qu'allaient devenir Humphrey Bogart et Robert Mitchum ; qui rendit explosif, pourtant à l'âge mûr, le come-back de Joan Crawford ; et prépara le terrain pour les Martin Scorsese, Antoine Fuqua et autres Quentin Tarantino.

Et puis le *film noir* allait faire discipline que d'éclairer à chaque œuvre un peu plus le monde en révélant, sans fausse pudeur et avec toujours une pointe d'humour, le côté obscur du rêve américain.

VI

Petit organon

Comment écrire un nouveau récit national, un récit national qui intégrerait l'Europe et le monde ? Comment cette devanture, que dis-je ce mouvement, pourrait-il d'aventure générer une pensée française suffisamment féconde pour être le point de départ d'un nouveau monde ?

La clé de ma démarche aujourd'hui consiste à ce qu'on sache rassembler ce qui est épars et qu'on ait collectivement l'audace de rendre l'intelligence sexy. Parce que la mentalité binaire naît de la promotion des valeurs matérialistes. N'est-ce pas qu'on a la société qu'on mérite ?

Il nous faut revenir au commencement, et c'est précisément le lieu où l'on réside, nous autres artistes, parce qu'on travaille les imaginaires. Si on ne veut pas d'une société violente, il nous faut faire culture du contraire. Si on ne veut pas d'une société sexiste, il nous faut changer en actes les abécédaires. Si on veut une société qui fasse sens, on doit cesser sans cesse de se projeter en arrière.

Plus qu'une impression au cœur de ce processus, nous autres artistes avons nos passions chevillées à celles de tous. Lorsqu'on donne de la voix à nos rêves communs, c'est l'amour qui vient à notre rescousse. Et permet le changement des êtres de façon réelle et concrète. Un artiste, c'est quelqu'un, quelqu'une qui a vraiment le courage d'être. Et qui assume sans omettre ni joie ni turpitude, qui pense que sa force c'est sa singularité et son seul matricule. Dire cela, c'est attester que chacun est digne d'être qui il est. Nous autres artistes, en boucle, beuglons le chant des signes afin que les cœurs s'avisent, ne sombrent amnésiques. On crée, on invente une ambiance, et progressivement celle-ci devient visible. La nuance, la complexité, la capacité de prendre du recul deviennent *cool*. C'est la fonction de l'artiste que d'aider la société à devenir ce moule. Or, de nos jours, l'artiste et l'homme ou la femme d'affaires se confondent. L'un croit être l'autre et l'autre se la raconte. Mais *in fine*, quand la société idéale aura émergé, on réalisera qu'on est au fond tous des artistes et qu'un chef-d'œuvre n'est rien d'autre qu'une vie réussie. C'est cela, le succès authentique.

En toute chose il y a besoin d'équilibre et c'est Camus qui dit qu'un artiste toujours se situe entre consentement et refus. Le refus, c'est le fait d'être radical, tout entier, dans sa proposition artistique. Le consentement, c'est par exemple la promotion pour vendre au plus grand nombre cette esthétique. Parce que chacun fait son *dièse* à l'ancienne, parce qu'il faut manger n'en déplaise, mais jusqu'à quel point ? Toujours cette histoire d'équilibre, mais cet équilibre est consubstantiel au fait d'être un être humain. Dis-moi à quel principe tu fais allégeance, je te dirai où ton esprit balance. Tous les extrémismes sont des fanatismes. On peut être une femme, un homme de principe, et en même temps faire du *biffe*. Ce n'est pas paradoxal, comme on voudrait nous le faire croire. Ce qui importe, c'est de savoir si notre façon de gagner de l'argent n'est pas antinomique avec notre morale et notre éthique. Maintenant vérifions, a-t-on le regard fuyant ? Est-on utile au temps présent ? Peut-on encore se regarder droit dans une glace ? Sommes-nous ou pas dans une impasse ?

Il faut rester vigilant. Prendre garde à la posture de l'engagement. C'est de cette vigilance dont Camus encore fait montre en substance. Des drames adviennent et ceux-ci nous émeuvent. Solidarité, engagement en sont les preuves. Mais on ne se lève pas un matin clamant : « Mon art est mon engagement ! »

Tout en chacun est engagé, je vous le dis, puisque chacun, tout le monde, a un avis. Même un artiste qui fait de *la soupe* le fait par choix et tient autour un certain discours qui sera rallié par des troupes. Les désaccords ne sont que spasmes, puisque l'artiste engagé est un pléonasme. Tout artiste est engagé forcément, engagé fatalement puisqu'il est au monde, puisqu'il vit dans un monde, dans le monde dans lequel on vit tous. Un monde plein de paradoxes où chacun se prétend orthodoxe. Un artiste qui ferait de son engagement un métier ne ferait en réalité que du business.

Mon travail consiste à raconter une histoire qu'on connaît tous, mais en traçant d'autres parallèles. L'esthétique n'est pas un ornement de la pensée, c'est la pensée elle-même. Autrement dit, je fais partie de ces artistes qui pensent que la forme est le fond et *vice-versa*. Que pour saisir non seulement mon travail, mais également celui de n'importe quel artiste, il ne faut pas rester à la surface. Il faudrait me concernant lire tous les livres que j'ai écrits, écouter tous les albums de musique que j'ai composés, voir tous les films que j'ai réalisés, toutes mes mises en scène de spectacles musicaux et théâtraux. Si on veut vraiment comprendre mon travail. Aujourd'hui, les professionnels censés s'intéresser à votre travail s'arrêtent sur des bribes d'interviews, ils vont lire à peine une biographie vous concernant ou la faire lire par un assistant. Ils vont retenir une citation, une phrase ou deux de vous qui font bonne impression. Ils vont être approximatifs, évidemment parce que votre travail ne les intéresse pas nécessairement. Et cela aussi, c'est un signe des temps. Les gens ne prêtent aux autres que très peu de considération. Parce que la vraie vedette, la vraie *star*, c'est eux. Toi, tu es l'artiste du moment, celle ou celui qui a la *hype*, mais tu es aussi celle ou celui qui passe, qui à un.e autre fatalement laissera la place. Celui ou celle qu'on consomme.

Bien leur fasse au fond qu'ils ne s'intéressent pas à ta personne, personne n'est obligé d'être ton épigone. Les artistes sont des personnes et les personnes ne sont pas aussi importantes qu'on pense, qu'importent les croyances.

Leurs œuvres, par contre…

> « Tous les arts contribuent au plus grand de tous les arts, l'art de vivre. »
>
> (*Petit Organon pour le théâtre*, Bertolt Brecht)

Que restera-t-il de l'œuvre artistique ? Dans quelle mesure va-t-elle toucher, inspirer les êtres ? C'est uniquement cela qui m'intéresse. C'est mon œuvre en écho avec la société, le pays, le continent et les mondes dans lesquels je vis. Et l'effet qui se diffuse à l'ignorance se refuse. Il prend corps. Certain.e.s le disent haut et fort : « Tu m'as sauvé la vie ! » C'est réel, et dans un monde comme le nôtre, démentiel même, quand on y pense.

Quel est le rôle de l'art et de la culture en France ? Il faut bien entendre, bien comprendre ; c'est de qualité, non point de quantité, qu'il s'agit. D'une seule ou d'un seul il s'agit. Un être passant de l'obscurité à la lumière après avoir entendu une chanson, lu, vu une œuvre de fiction. La gratitude fait fi de la multitude, c'est une certitude.

C'est pourtant le règne de la quantité. Tout s'achète, tout se vend. Tout peut se marchander.

C'est le règne des marchands. On applaudit un cinéaste non pour la qualité de son œuvre, mais pour ses millions d'entrées. Pareil pour la musique, on dira qu'une telle, un tel, est formidable parce qu'elle ou il a rempli un stade, mais qu'en est-il de son art ? Au-delà des *likes*, des vues et des *streams* en milliards.

Tout est biaisé du coup, quand la quantité prend le pas sur tout. On vit dans ce monde où tout est vain, où si tu n'as pas tu n'es rien. Et on te respectera seulement si tu es riche matériellement. Et on te regardera seulement si tu acceptes ce raisonnement.

Faisant l'exégèse de cette mentalité outrancière, l'artiste impacte de fait le réel, même si cela ne se mesure pas nécessairement sur le temps présent. À la manière d'un Van Gogh, tel artiste peut avoir un impact zéro puis une postérité énorme. Mais ce n'est pas mon propos. Je souhaiterais qu'on parle de l'artiste vivant, qu'on parle de son travail, qu'on questionne son œuvre, qu'on la confronte à ce monde autoritaire où paroles et actes sont contraires, où faire preuve d'humanité est un acte suicidaire, où tout se justifie par l'alimentaire, les affaires, et finalement l'arbitraire.

Les démocraties dérivent, les dominants dominent et les artistes authentiques se marginalisent, vu que c'est la marge qui bientôt sera le centre de tout ce qui aura du sens. Mais parlons avec encore un peu plus d'émoi, comme s'il n'y avait que vous et moi, que toi et moi, comme s'il n'y avait ni livre ni vedettariat :

Alors voilà, mon mode opératoire c'est le suivant, comment tu vas prendre de grands auteurs, de grandes autrices et comment tu vas les mettre en phase avec ce qu'on appelle les cultures urbaines. Faire de la culture hip-hop une nouvelle matrice. Comment tu vas montrer que les formes évoluent mais qu'*in fine* le fond reste le même. Est-ce que moi personnellement je suis si différent que ça d'un Hugo, d'un Camus, d'un Césaire, d'un Brassens ou d'un Villon ? Sans prétention bien sûr. Je veux juste dire que l'histoire est jalonnée d'artistes qui sont les filles et les fils de leur époque. En réalité c'est le même fond, c'est le développement de l'idée de sa propre utilité. Utile dans le monde dans lequel on évolue. Se savoir capable d'apporter sa pierre à l'édifice et qu'importe si celle-ci est grosse ou petite tant qu'elle participe à créer la citadelle du bonheur collectif…

Mais, parlons des racines et des identités… Je reviens des Antilles et pour moi celui qui donne les clés fondamentales pour comprendre l'identité *versus* la mondialisation, pour qu'on puisse pour le coup faire peuple réellement, c'est bien Édouard Glissant. Toute sa réflexion sur les notions de créolisation, de relation, d'identité rhizome... Bref, l'idée de se dire qu'on se retrouve sur une île où on a fait venir des gens qu'avaient absolument pas envie de se retrouver là ensemble et comment contraints d'une certaine manière ont réussit néanmoins à créer de la cohérence, de l'harmonie. C'est involontairement résoudre l'équation d'une figure imposée. Dans quelque chose qui est au départ hétérogène comment on va créer de l'homogénéité ? Comment ça se passe ? C'est quoi le processus ? Peut-on le reproduire consciemment, officiellement à grande échelle ? Et encore une fois à l'heure, à l'ère de la mondialisation, c'est ce qui se passe tout naturellement aujourd'hui en Europe et en Occident de manière générale et dans le reste du monde d'une manière ou d'une autre. C'est toute l'idée de la mondialité qui consiste pour faire court à donner une âme à la mondialisation. Parce que c'est bien qu'il y ait des McDo partout mais en quoi cela nous aide à faire véritablement peuple ?

OK disons que moi mes racines elles sont africaines congolaises, elles sont cent pour cent africaines et cent pour cent congolaises. Je suis né à Paris dans le 14e et j'ai grandi à Strasbourg, mes fruits sont donc cent pour cent français et cent pour cent européens. Et si par exemple mon ascendance était suédoise du côté de ma mère et anglaise du côté de mon père. Grandissant en France, aucune des questions sur l'identité qui me taraudent aujourd'hui ne me travaillerait de la sorte. Donc ça aussi on doit le changer, le rapport à la couleur de peau, qu'est-ce qu'être noir ? Qu'est-ce qu'être blanc ? Qu'est-ce cela implique ? En quoi c'est déterminant dans le monde dans lequel on vit ? En quoi c'est impactant ? C'est cette complexité qui m'intéresse. Et pour moi, donc, cette question fondamentale de l'identité doit être réglée au sens philosophique de problématique à résoudre. Régler cette problématique c'est créer de l'harmonie et créer de l'harmonie c'est être capable d'une profonde empathie. De se reconnaître ailleurs que sur ce qu'on (nous) projette de soi. C'est-à-dire que lorsque tu allumes ta télé et que tu vois des migrants faits esclaves en Libye ou mourir en mer (et comme tu ne réfléchis plus en termes de couleur de peau) tu te dis lui c'est moi. Mais si tu vis dans un monde racialiste, un monde qui prône la culture de la couleur, eh bien quand un Blanc voit ça il se dit c'est triste et puis il zappe. Il se dit au fond que ça ne le regarde pas, que c'est l'histoire d'un autre et puis il passe à autre chose. Mais si c'étaient des blonds aux yeux bleus qu'on voyait mourir par centaines en mer comment réagirait-on ? Blancs comme Noirs nous tous on réagirait comment ? Ça c'est lié à l'histoire, à la construction du regard porté sur l'autre. Il y a une nécessité de se repositionner en termes de regard, en termes de perception de notre semblable, de déconstruire ce regard sur l'autre qui nous a amenés dans cette impasse. Puisque jusqu'à preuve du contraire on est tous des êtres humains donc tous capables, et en droit, de revendiquer et de représenter notre appartenance à l'humaine condition.

Ce qui est vital pour moi aujourd'hui c'est comment on va travailler à faire peuple. Comment on va faire de la justice la pierre angulaire du truc. Comment l'humilité va crever tous les automatismes, tous les autoritarismes. Si tu veux je suis un artiste, je suis un raconteur d'histoire, en fait. Et raconteur d'histoire c'est quelqu'un qui a conscience de la grande Histoire mais qui sait aussi que là où il se trouve il crée du mythe. Et le mythe et l'Histoire ce n'est pas la même chose. L'Histoire ce sont des faits, des choses factuelles, consultables, scientifiques. Le mythe c'est de Gaulle qui dit qu'on a gagné la Seconde Guerre mondiale par exemple ou qui dit qu'on a tous été des résistants pendant la guerre. Tu vois ce que je veux dire ? Ça permet de souder les troupes, de faire peuple, de faire France. C'est un bon mensonge en quelque sorte, un mythe fondateur comme Romulus et Remus. Et ma démarche quelque part c'est celle-là. Sinon on se retrouve dans un monde où on est tous des victimes. Où on se vit en victime et jamais assez en héros.

C'est important les victimes, mais ne voir que par ce prisme fait qu'on prend l'habitude d'être au monde en tant que victime et pas en tant que héros ; c'est ça une société victimaire. Et c'est la concurrence à qui sera la plus grande victime.

C'est dans ce monde qu'on vit, celui où même le bourreau se targue d'être la plus grande des victimes. C'est le sentimentalisme frère, c'est plus le mémorial que le musée frère. Alors que ça a de la gueule un héros ou une héroïne, ça a du bon sens, ça fait preuve de mesure dans ses emportements et de passion pour la justice. Ça engendre des modèles positifs sur lesquels peuvent se (re)construire pas juste des petits garçons et des petites filles. Et nous autres artistes, on est des maîtres impuissants doués pour apprendre et faire comprendre. Doués pour raconter des histoires où la figure héroïque est atteignable. Et tu vas t'identifier à elle, à lui, que ce soit dans une chanson, que ce soit dans un film, une série, que ce soit sur Instagram… Mais la plupart font les victimes frère et dans cette posture tout le monde peut être légitime *a contrario* de celle de héros. Héroïser exclusivement les victimes frères c'est ce qui nous a mis en galère. Et c'est pas juste dangereux, c'est l'état actuel des choses. C'est la racine du mal. C'est la loi de sécurité globale.

Quand par exemple tu pars du peuple de la périphérie c'est-à-dire les femmes, les gens des cités, les gens du milieu rural, des campagnes reculées, les gens des îles, les gens qui ont une autre orientation sexuelle, les gens différents en général… À être vécus comme des victimes perpétuelles, eh bien finalement on n'existe qu'à travers ce statut. *J'ai vécu telle injustice* devient le mantra alors qu'on devrait se positionner en disant *je vais lutter pour la justice.* C'est un changement de perspective déterminant dans la manière dont on se considère et comment on va nous considérer. C'est un autre regard que tu portes sur toi-même et tu deviens acteur de ton propre destin. T'es pas juste un être passif qu'on a utilisé ou que l'histoire a utilisé, que les êtres ont utilisé. Soudainement, toi-même tu fais ton histoire, tu fais l'Histoire. La première manière de changer les choses dans cette démarche, et c'est la raison pour laquelle les artistes sont importants, c'est que pour faire l'histoire précisément ils racontent leur propre histoire. Et raconter son histoire c'est se réapproprier son destin. Tu me suis ? Jusqu'à aujourd'hui c'étaient d'autres personnes qui racontaient l'histoire du peuple de la périphérie. Et l'idée c'est de prendre le peuple de la périphérie ou plutôt qu'il se prenne lui-même en main et qu'il se remette au centre. C'est ce qu'on dit lorsqu'on dit qu'il faut remettre l'humain au centre.

Et eux, ceux qui composent le peuple de la périphérie, ils ont une autre manière de voir le monde, de penser le monde. Il faut les écouter, leur parole compte. Les écouter c'est complexifier le récit et si tu complexifies le récit et que t'arrives toujours à le rendre lisible, tu complexifies les êtres. Et complexifier les êtres c'est sortir de ces sociétés binaires où les polémistes sont des héros médiatiques…

Je crois de moins en moins aux politiques et ceux qu'on appelle les intellectuels sont de moins en moins compréhensibles par la masse. Par contre je crois véritablement aux artistes, je crois sincèrement que ce sont eux, nous, qui changeront véritablement le monde parce qu'encore une fois on travaille vraiment directement les imaginaires. Justement parce qu'on n'a pas peur de nos émotions, parce qu'on sait précisément quoi en faire. On sait d'où elles viennent nos émotions et on sait quoi en faire. Et finalement on est dans trois tendances qui manquent à nos sociétés, l'empathie, la tendresse et la spiritualité. Les artistes pourraient diriger le monde et réussir.

Mais le monde d'avant qui a la mainmise sur le monde d'aujourd'hui dit aux artistes qu'ils n'ont pas de poids, que leurs paroles et leurs actions ne sont que purs divertissements sans incidence sur le réel, qu'ils ne sont pas sérieux ou en tout cas pas plus que ça. Et beaucoup d'entre eux finissent par le croire. C'est difficile de se dire qu'on a du poids quand on te rappelle tout le temps que tu n'en as pas. Un artiste réel, prenons un musicien, il fait de la musique mais ne vend pas beaucoup de disques, n'est pas ou peu *streamé*, n'a pas de vues énormes sur YouTube, etc. Et puis il y a celui qui vend, qui a de nombreux *followers*, des millions de *streams*, de vues… et c'est donc lui (puisque c'est le règne de la quantité) qu'on met en avant, comment l'autre va réagir ? Eh bien il va finir par douter de lui-même et se demander s'il vaut vraiment quelque chose. Et pour plein de raisons on va te dire *ta voix ne compte pas*. On va rire de toi, faire des blagues sur toi… Parce que la voix qui compte, c'est celle qui pèse matériellement, concrètement, c'est celle du type ou de la *feumeu* qui vend, qui vaut, des millions, des milliards, etc. Et ta voix finit par ne plus compter à tes yeux. Et si elle ne compte plus à tes yeux, elle finit par ne plus compter aux yeux de personne.

De manière systémique on dit à la singularité *tu ne comptes pas, ça ne compte pas*, que ce qui compte c'est l'homogénéisation du truc, le grand tout. C'est la mondialisation le truc qui parle à tout le monde et toi à ton petit niveau tu n'as pas voix au chapitre car tu ne parles pas suffisamment à tous. Pas comme il faut à tous. Alors que si en vrai, parce qu'encore une fois il suffit d'une seule ou d'un seul. L'universel est fait de singularités, est constitué de particularismes. Tu touches un être tu touches le monde. Parce que cet être peut en toucher un autre et un autre et de proche en proche il touchera le monde. Ici le temps n'est pas un critère pertinent. Pour qu'un artiste ait conscience de ça il doit d'abord avoir une haute conscience de lui-même et de son art. C'est aussi pour ça qu'on peut facilement confondre l'artiste qui a un ego surdimensionné et celui qui a juste confiance en l'humain (et parce qu'il se considère à juste titre comme un être humain), alors il a confiance en lui-même. Et il, elle se dit *je suis impactante, je suis impactant*, et du coup il ou elle le devient effectivement parce que les êtres humains interagissent de cette manière, avec cette puissance vibratoire. La vérité, le positionnement juste, est là, mais le grand marchand (dès que le commerce ne sera plus prioritaire) va dire : non c'est normal il est fou, il a un ego surdimensionné…

L'industrie t'amène à faire des choses commerciales, elle ne t'amène pas à avoir un impact réel sur le monde. Tout le système t'amène à être commercial et à faire du business (à te convaincre que ta finalité ultime est de devenir Jay-Z parce qu'elle sait pertinemment que tout le monde ne peut pas être Jay-Z ou Beyoncé mais qu'en route vers cet objectif tu seras rentable et feras sans broncher la promotion des valeurs marchandes les plus inhumaines).

Le début détermine la fin, l'argent n'est pas une chose honteuse, si tu commences bien tu termines bien et si tu commences mal tu termines mal fatalement, c'est ce que je pense sincèrement. Encore une fois, le tout est de se dire : bon OK je suis un artiste du XXIe siècle, et ce début de XXIe siècle est tel qu'il est. Ce qu'il faut se dire c'est : dans ce contexte j'ai une équation à résoudre, c'est une figure imposée. Comment en même temps puis-je être un artiste humaniste et faire une production artistique qui soit commercialement viable. Au fond, c'est de cet équilibre-là qu'il est question. Mais c'est comme dans la vie, ou bien tu te dis : je suis un militant *de ouf* et j'abandonne tout et je vais vivre dans une grotte. Ou bien tu te dis : qu'est-ce que je peux faire à l'intérieur de ce système tel qu'il est aujourd'hui pour partir de ce même système et en créer un autre. Et ça, ça va se faire progressivement, mais encore une fois il ne faut pas se vivre comme une finalité en soi, il faut se vivre comme une étape. En fait on passe un relais à une autre, à un autre. Et c'est en pensant de la sorte qu'on découvrira peut-être que nous sommes les derniers à recevoir le bâton dans cette course de relais qui dure depuis la nuit des temps.

Ou peut-être pas, peut-être que nous ne sommes qu'au commencement de quelque chose. Et qu'il faudra peut-être attendre un peu. Jusqu'à ce qu'on arrive à quelque chose de réel, mais on est tellement dans un système qui fait la promotion du tout et maintenant et tout de suite (la dictature de l'immédiateté) que tu te dis : si je peux pas changer le monde tout de suite ça sert à rien, je sers à rien. Ça aussi c'est une culture, la culture du temps long, que les meilleures choses se font dans le temps. De ne pas être tout le temps en mouvement, d'être capable de s'arrêter. Le fait d'être solidaire bien sûr c'est important mais pour nous autres artistes, être solitaire est tout aussi important (comment lutter contre l'instinct grégaire, l'instinct du clan quand plus que jamais on doit mettre la communauté humaine dans sa globalité au centre) parce que tous ceux qui font l'expérience de l'écriture savent à quel point c'est important à un moment donné d'être seul. Toutes ces valeurs par rapport à la norme actuelle ne sont pas très sexy mais elles sont nécessaires. L'idée est de se demander précisément : comment je vais rendre tout ça sexy ? Tous les êtres qui sont conscients, qui ont conscience savent que c'est aujourd'hui de cette manière qu'on doit appréhender nos réalités, notre monde ici en France et en Occident. Il s'agit de comprendre que le monde est tel qu'il est aujourd'hui mais que ce n'est pas une fatalité. Que ça demande un travail long, que ça demande une communauté humaine qui a conscience de son unité, de son unicité, dans une communion d'esprit, une rigueur, une exigence, du sérieux. Mais ces mots font peur, quand tu dis aux gens aujourd'hui qu'il faut être rigoureux, ils te disent « Oh là là qu'est-ce que c'est que ça encore ! ». Alors que non, alors parlons d'exigence dans tous les domaines, exigence artistique, exigence humaine.

Tu es journaliste et tu vas interviewer tel artiste, juste connaître son travail, savoir de quoi on parle… Moi combien de fois je me suis retrouvé face à des journalistes qui ne savaient rien de mon travail, qui ne connaissaient que ma bio ou le résumé de ma production artistique du moment. Et pire ils vont se permettre de critiquer (positivement ou négativement) ton travail alors qu'ils ne le connaissent pas, qu'ils n'ont pas fait et n'ont pas l'intention de faire l'effort de connaître ton travail. Il y a une forme de fainéantise qui s'assimile à une forme de malhonnêteté intellectuelle qui n'est même plus de la malhonnêteté à la fin puisqu'elle est acceptée par tous. Disons que ça fait partie des règles du jeu sauf que je ne joue pas et que l'idée de la culture que je propose n'est pas du divertissement, c'est autre chose, c'est une autre idée. Ensuite le journaliste va dire : mais tu comprends j'ai pas le temps j'ai tant d'artistes à recevoir, etc. Quantité encore une fois quantité… mais je ne généralise pas, ce sont juste des trucs qui arrivent et me font dire qu'en toute chose, il nous faut revenir à la qualité en toute chose. C'est cela la science authentique.

À ce sujet, voici ce qu'a écrit l'émir Abd-el Kader L'Algérien, dans sa *Lettre aux Français*, à propos de la vraie science qui pour lui n'est ni supériorité technique, ni vaniteuse prétention, mais bien « distinction entre la franchise et le mensonge dans les paroles, entre la vérité et l'erreur dans les convictions, entre la beauté et la laideur dans les actes ».

VII

La réconciliation

Ainsi voici venu le temps de veiller à incarner pour de bon et à mettre en œuvre notre réconciliation

Ainsi voici venu le temps qui n'admettra plus de renouer avec les folies du monde d'avant et a l'unité nationale comme unique conviction

Ainsi voici venu le temps où celles et ceux qui président à nos destinées, conscient.e.s de la responsabilité lourde, ne feront désormais plus qu'acte d'abnégation ou sinon… disparaîtront

Ainsi voici venu le temps de veiller à incarner pour de bon et à mettre en œuvre notre réconciliation.

Se réconcilier pour faire tous ensemble à nouveau peuple, tous ensemble à nouveau sens, tous ensemble à nouveau France !

Se réconcilier c'est dans un même mouvement, un même élan, penser et panser le peuple dans son entièreté, la France dans sa complexité, la France dans la grandeur de son unité retrouvée.

Se réconcilier c'est préserver le patrimoine et cultiver la postmodernité.

Et dans le même temps notre nature et notre environnement.

Se réconcilier c'est comprendre que le rêve des révolutionnaires et de celles et ceux qui ont été de notre République les Mères et les Pères

Ne contredit en rien l'espoir, cette aspiration à la liberté, de tous ces damnés de la Terre qui ont été guidés jusqu'à nous par-delà les mers.

Se réconcilier c'est préserver le patrimoine et cultiver toutes les postmodernités.

Et en même temps la nature, l'étendard de notre être le plus profond.

Se réconcilier tout particulièrement dans le temps présent parce que c'est urgent ; vu que ce qu'il y a de plus fragile c'est ce qu'il y a de plus de récent.

Se réconcilier c'est se moderniser a-t-on dit, mais plus on se modernise plus on crée un vide d'appartenance et on se réfugie dans le fantasme des survivances.

Se réconcilier c'est travailler les imaginaires en encourageant, en instituant, en s'appuyant sur du dur, sur du solide en termes de références.

Se réconcilier donc autour d'une République forte et juste, consciente (du monde qui la défie), et d'une Laïcité des intelligences ; liberté, égalité, sororité, fraternité chéries.

Se réconcilier c'est transmettre en utilisant avec justesse et bienveillance l'art, la littérature, les sciences et la métaphysique comme outils de connaissance.

Se réconcilier ce n'est pas déboulonner des statues, mais garder des traces d'un passé qu'on ne doit cesser d'expliquer. Et puis il faut en ériger d'autres des statues qui elles, en phase avec notre temps, raccommoderont puis unifieront enfin l'ensemble de nos clans.

Se réconcilier en tant que peuple c'est réconcilier les intellectuels avec les élites sans pour autant faire de la gouvernance la chasse gardée de tous les soi-disant spécialistes.

Se réconcilier ce n'est plus seulement vivre ensemble (nous le faisons déjà et depuis longtemps), c'est aussi et surtout faire ensemble.

Faire du monde de l'image (la télévision, le cinéma et surtout Internet), une bonne fois pour toutes, puisque c'est déjà en partie le cas, le lieu de l'épanouissement par excellence des nouveaux grands récits à la Jules Michelet, qui racontait l'histoire de France comme l'histoire d'une personne (car ce qui est vrai pour un être est vrai pour un pays – un continent et le monde), et proposer ainsi les grandes lignes de ce débat qui mettra en perspective notre projet en tant que peuple.

Le monde de l'image est celui de l'imaginaire, ce lieu qui rend possible de manière nouvelle, pertinente et positive la confrontation, la connexion, des mythes et des symboles anciens face aux nouveaux. Nous vivons un temps formidable – si on sait le comprendre et l'accompagner, qui a la capacité inédite et quasi sans limite de ré-enchanter tous les récits passés et à venir.

Le recours aux valeurs et à la spiritualité laïques permettra l'émergence de ce nouveau projet collectif, qui ne sera autre qu'un authentique pacte républicain revivifié. La France n'avait et n'aura de sens que spirituel. Ainsi pourra-t-elle transmettre à nouveau de génération en génération une foi, c'est-à-dire une fidélité solidement ancrée à des valeurs, à des amitiés, à la nature et à l'honneur. Alors chaque Française, chaque Français (qu'importe sa couleur de peau, sa croyance, sa non-croyance ou son orientation sexuelle, et qu'importe que son compte en banque soit vide ou plein) sera à nouveau héritière, héritier, actrice et acteur de son destin propre et de notre histoire en commun.

Le recours aux valeurs et à la spiritualité laïques permettra d'en finir avec la résignation devant le règne sans partage de la quantité et de l'immédiateté (avec chaînes d'infos en continu et réseaux sociaux comme avatars délirants) ou la nostalgie mortifère de tous les adorateurs fanatiques de l'Histoire, en changeant nos perceptions de la matière et du temps, et ainsi nous offrira de vivre l'éternel instant – quand le présent est perçu comme la combinaison d'un passé à transcender avec un futur à venir, un espoir qui progressivement se fait jour, tout en un.

Le recours aux valeurs et à la spiritualité laïques donc nous permettra de reconsidérer l'essence de toutes les formes – puisque c'est de cela qu'il s'agit *in fine* – de transmission.

Ainsi voici donc venu le temps d'incarner et rendre possible cette fondation

Ainsi voici donc venu le temps de celles et ceux qui conscient.e.s de présider à nos destinées traduisent sur le terrain le pacte républicain en nobles actions

Ainsi voici donc venu le temps de celles et ceux qui n'admettent plus le déshonneur dans son application

Ainsi voici donc venu le temps de celles et ceux qui chemin faisant continuent et inventent un nouveau récit national où chacun sans exception trouve sa place et sa fonction.

Sœurs, Frères, se réconcilier avec nous-mêmes, c'est réconcilier la France, l'Europe, avec elle-même ; c'est incarner et rendre l'élévation continuelle

Réconciliation

Frères, Sœurs, sachez reconnaître le génie français, même sous son accoutrement du moment, quand celui-ci se tient toujours flamboyant juste là, devant vous.

Voici donc venu le temps de la réconciliation !

Remerciements

À Victor Hugo, l'émir Abd-el Kader L'Algérien, Simone Weil, Albert Camus, Aimé Césaire, Édouard Glissant, Régis Debray et à toutes celles et ceux qui trouveront dans mes essais l'espoir et le courage d'œuvrer pour une France réconciliée.

Table

Imprimé en France par CPI
en décembre 2020

La photocomposition de cet ouvrage
a été réalisée par
GRAPHIC HAINAUT
30, rue Pierre Mathieu
59410 Anzin

MIXTE
Papier
FSC FSC® C003309

L'éditeur de cet ouvrage s'engage dans une démarche
de certification FSC® qui contribue à la préservation
des forêts pour les générations futures.

Pour en savoir plus :
www.editis.com/engagement-rse/

N° d'édition : 61454/01
N° d'impression : 161890